Barbara Hanauer-Prunkl
Materialien & Kopiervorlagen zu

Wolfram Hänel

Lola und Glatze

Hase und Igel®

Inhalt

www.hase-und-igel.de
Lektorat: Kristina Oerke
Layout: Helga Lindemann
Illustrationen: Johann Brandstetter
Druck: Kösel GmbH & Co. KG, Altusried-Krugzell

ISBN 978-3-86760-394-2

„Lola und Glatze“ – Das Buch im Unterricht

Das Buch

Die Sonne und den Mond und einen Sack mit Sternschnuppen – all das würde Glatze Lola schenken, um ihr seine Liebe zu beweisen. Die beiden fantasievollen, eigenwilligen Protagonisten sind auf der Suche nach der Liebe und nach dem Sinn des Lebens. Und auch wenn ihnen dabei immer wieder Steine in den Weg gelegt werden, geben sie nicht so schnell auf. Lebendig und humorvoll erzählt Wolfram Hänel das Auf und Ab einer Liebesbeziehung zweier 16-Jähriger. Dabei spiegelt er authentisch das Lebensgefühl und zentrale Fragen heutiger Jugendlicher wider. Besondere Intensität gewinnt der Roman durch die zweite Perspektive – Lolas Zetteltagebuch, in dem sie Gedanken und Gefühle festhält.

Christian Berger, genannt Glatze, ist eigentlich ein Antiheld: Durch eine Krankheit hat er sämtliche Haare verloren, was ihm auch seinen Spitznamen eingebracht hat. Frustriert und ziellos hangelt er sich mit seinen Freunden Fischer und Ratte durch den Alltag und bewegt sich dabei immer wieder am Rande der Legalität. Lola ist auf den ersten Blick das genaue Gegenteil: hübsch, selbstbewusst, spontan und emotional. Auch sie ist noch auf der Suche, setzt sich jedoch bewusst mit ihrer Umwelt auseinander.

Die beiden unterschiedlichen Jugendlichen kennen sich seit dem Kindergarten, haben sich aber in den letzten Jahren aus den Augen verloren. Eine kopflose Aktion von Glatze bringt sie einander wieder näher. Und plötzlich entdecken sie, dass sie ähnliche Ängste, Träume und Gedanken haben – und dass sie mehr füreinander empfinden als nur Freundschaft.

Wolfram Hänels Geschichte zeigt, dass es sich lohnt, zu den eigenen Gefühlen zu stehen, und macht Mut, sich mit sich selbst und seiner Umwelt auseinanderzusetzen. Der Roman eignet sich besonders für Jugendliche ab der 8. Klasse.

Das Material

Identitäts- und Sinnsuche, Liebe und Sexualität – diese zentralen Themen arbeitet das Material in vielfältiger Weise auf. Im Mittelpunkt steht außerdem die Auseinandersetzung mit der Lebenswelt der Schüler: Gruppendynamik, Risikoverhalten und heutige Jugendgruppen werden analysiert und hinterfragt. Statistiken und Informationstexte liefern das dafür nötige Hintergrundwissen. Wie im Roman werden vor allem Kreativität und eigenständiges Arbeiten großgeschrieben: So erstellen die Schüler z. B. lektürebegleitend eine Zettelwand, auf der sie persönliche Schwerpunkte setzen können. Neben der „klassischen“ Textarbeit bieten Rollenspiele, kreatives Schreiben und gestalterische Übungen vielfältige Ansatzpunkte für eine angemessene und motivierende Erarbeitung der Lektüre. Dabei können die Schüler immer wieder Bezüge zu eigenen Einstellungen und Verhaltensweisen herstellen.

Das Begleitmaterial ist in fünf Bereiche gegliedert, die dem Leseprozess folgen. Jeder Abschnitt beginnt mit einem Lehrerteil, in dem zunächst eine Zusammenfassung des Inhalts geboten wird. Es folgen Vorschläge für Gesprächs- und Schreibanlässe sowie Anregungen zur kreativen Erarbeitung des Inhalts (Kreativ aktiv). Unmittelbar im Unterricht einsetzbare Kopiervorlagen (KV) runden jeden der fünf Abschnitte ab.

Signets am oberen Seitenrand verdeutlichen den thematischen Schwerpunkt der jeweiligen Kopiervorlage:

Textarbeit

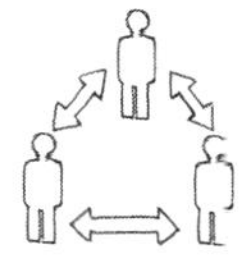

Freundschaft/Clique

Liebe/Sexualität

Selbst- und Fremdbilder

Erlebniswelt Jugend

Zur besseren Orientierung sind die einzelnen Arbeitsaufträge mit den folgenden Symbolen versehen:

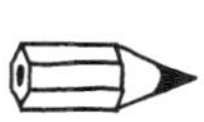

schreiben

lesen

diskutieren

kreatives Gestalten

szenisches Spiel

Kurzvortrag

1. und 2. Kapitel: Ein Mensch aus der Vergangenheit

Inhalt

(1. Kapitel) Drei Jugendliche, Glatze, Fischer und Ratte, stehen an einer vierspurigen Straße. Um sich einen „Thrill“ zu verschaffen, überqueren sie diese verkehrswidrig bei dichtem Verkehr. Ihre martialische Sprache erinnert an das Vokabular, das von Jugendlichen bei Killer- oder Kampfspielen benutzt wird. Als Ratte bei der Straßenüberquerung fast überfahren wird, steigt in Glatze, der männlichen Hauptfigur des Romans, Widerwille hoch. Zunächst scheint es, als würde sich auch sein Freund Ratte auf seine Seite stellen. Doch der Wortführer der Gruppe, Fischer, setzt sich über die Bedenken und Einwände der beiden anderen hinweg und schafft es so, Ratte wieder auf seine Seite zu ziehen. Dieser legt sich schnell ins Zeug, um den „Boss“ mit einem Vorschlag für eine neue Aktion zu begeistern: Am Abend wollen sie unter der Autobahn illegal sprayen gehen. Auch Glatze erklärt sich nun bereit, die Spraydosen zu beschaffen. Jedoch hinterfragt er anschließend in einer Art innerem Monolog, was ihn dazu bringt, diese „Spiele“ mitzumachen und sich den von Fischer aufgestellten Regeln zu beugen. Er sieht sich selbst als „Marionette“, die einem fremden Willen folgt – aus Angst, in ein Nichts zu fallen.

(Lolas Zettel Nr. 1 und 2) Im Anschluss an den Erzähltext wird die weibliche Hauptfigur der Geschichte, Lola, eingeführt. In zwei Zetteleinträgen erfährt der Leser, was sie beschäftigt und bewegt. Obwohl sie dem Vorschlag ihres Vaters, ein Tagebuch zu schreiben, eher ablehnend gegenübersteht, greift sie diese Idee auf, modifiziert sie und beschließt, alles, was ihr wichtig erscheint, auf Zettel zu schreiben, die sie dann offen in ihrem Zimmer an die Wand hängt. Ihren Äußerungen kann man entnehmen, dass sie ein positives Verhältnis zu ihrem Vater hat und ein Mensch ist, der sich kritisch mit seiner Umgebung und vorgegebenen Normen und Regeln auseinandersetzt.

(2. Kapitel) Obwohl Glatze und Lola in unmittelbarer Nachbarschaft aufgewachsen sind, haben sie seit einigen Jahren keinen Kontakt mehr. Als Glatze, ohne auf den Verkehr zu achten, die Straße überquert, konfrontiert ihn Lola lautstark mit seinem lebensgefährlichen und rücksichtslosen Verhalten. Glatze lässt sie mit einem coolen Spruch stehen, jedoch zeigen seine folgenden Gedanken, dass er sich über Lolas Interesse freut.

(Lolas Zettel Nr. 3–7) In weiteren Zetteln erfährt der Leser mehr über das Innenleben von Lola, ihre Vorlieben, Wünsche, Sehnsüchte und Träume. So zeigt sie nur zum Teil Verständnis dafür, dass sich ihr Vater aus Angst vor dem Verlust des Arbeitsplatzes nicht traut, seinen Urlaub einzureichen. Lola wird also die Ferien zu Hause verbringen, obwohl sie gerne wieder einmal ans Meer fahren würde. Der Modegeschmack der Jugendlichen deutet darauf hin, dass sie selbstbewusst und eigenwillig ist. Auch die Begegnung mit Glatze wird erwähnt: Lola zeigt Unverständnis für sein Verhalten, äußert ihr Erschrecken angesichts der gefährlichen Situation, macht aber auch deutlich, dass sie schließlich nicht für Christian Berger – wie Glatze eigentlich heißt – verantwortlich ist.

Unterrichtsschwerpunkte

- Charakterisierung der Hauptfiguren
- Dokumentation des Leseprozesses

Zu den Kopiervorlagen

KV Seite 10

Die Figuren des Romans

Diese Kopiervorlage bietet eine Vorlage für eine Auseinandersetzung mit den Figuren des Romans. In den Steckbrief werden lektürebegleitend alle wesentlichen Informationen eingetragen. Das Führen eines „Gefühlstagebuchs“ wird im Bereich des Persönlichkeitscoachings eingesetzt, um eine stärkere Verbindung zu den eigenen Gefühlen herzustellen. Hier dient diese Aufgabe einer größeren Annäherung an die Figuren. Gleichzeitig können auf diese Weise Entwicklungen aufgezeigt und einzelne Textstellen genauer analysiert werden. Es bietet sich an, die Figuren des Romans arbeitsteilig an Experten oder Expertengruppen zu vergeben. Abschließend sollten die Ergebnisse dann z. B. in Form von Plakaten den Mitschülern zugänglich gemacht werden.

Szenen für ein Gefühlsprotokoll können vorab gemeinsam festgelegt oder vorgegeben werden. Folgende Sequenzen sind besonders geeignet: zu Fischer (Überqueren der Fahrbahn, Seite 7–10; Sprayen unter der Autobahnbrücke, Seite 20–25) – zu Ratte (Überqueren der Autobahn, Seite 7–10; Gespräch mit Glatze, Seite 28–30; Begegnung im Übungsraum, Seite 114–117) – zu Lola (erster Streit, Seite 69–75; zweiter Streit, Seite 114–119) – zu Glatze („Lola und Glatze“, Seite 28–30; nach Fischers Unfall, Seite 96/97; abschließende Versöhnung mit Lola, Seite 132–136).

Weiterführend können auf der Basis des Gefühlsprotokolls Texte erstellt werden, die diesen subjektiven Schwerpunkt weiterführen, z. B. ein Tagebucheintrag, ein persönlicher Brief, ein innerer Monolog.

Mögliche Lösung

- Fischer – ändert ständig seinen „Look“, mal wie Pete Doherty, mal wie Campino, mal Gothic, trägt eine Lederjacke – Vater als großes Vorbild, Mutter ist wahrscheinlich Hausfrau, kümmert sich viel um Fischer, wird von ihm aber nicht respektiert – cool, bestimmend, häufig überdreht, impulsiv, leichtsinnig, aggressiv – spielt Bass, raucht, verliert bei einer Mutprobe fast ein Bein
- Ratte – wahrscheinlich kleiner als Fischer, trägt eine olivgrüne Bomberjacke und Springerstiefel – wohnt in einer Wohnung im zwölften Stock eines Hochhauses – vorsichtiger und schüchterner als Fischer, „Mitläufer“: macht, was Fischer ihm sagt – spielt Schlagzeug, raucht, sprayt immer dieselbe Figur
- Glatze, eigentlich Christian Berger – hat eine Glatze und lebendige Augen, trägt ausgetretene Turnschuhe, Jeans und T-Shirts – kommt aus einem wohlhabenden Elternhaus, Eltern verstehen sich nicht mehr gut, Mutter war Schauspielerin, singt jetzt nur noch im A-cappella-Chor, der Vater ist Arzt, trinkt und raucht zu viel – fantasievoll, nachdenklich, sensibel, unsicher (Lola ist die erste Freundin) – hat durch die *Alopecia areata universalis* sämtliche Körperbehaarung verloren, macht bei den Mutproben nur mit, weil er nicht weiß, was er sonst machen soll, erzählt häufig Geschichten
- Lola Helmke – grün-graue Augen, sieht „scharf“ aus, trägt Miniröcke, aber auch Jeans, T-Shirts und Chucks – gutes Verhältnis zu den Eltern, Vater arbeitet in einer Werbeagentur, hat Angst um den Job, die Mutter arbeitet in der Parfümabteilung eines Kaufhauses – eigenständig, selbstbewusst, kreativ, freiheitsliebend – hält ihre Gedanken auf Zetteln fest, will sich engagieren (z. B. gegen Rechtsradikalismus)

Gefühlsprotokoll für Fischer, Seite 20 – 25: Aufregung („Da, ein Porsche!“, Seite 20) – Aggression („Mach Licht an, du Penner!“, Seite 20) – Wut („Pack die Tüte weg!“, Seite 21) – Neugier („Geil. Und?“, Seite 21) – Aufregung („Porsche, 450 PS …“, Seite 22) – Gleichgültigkeit („Ist doch egal.“, Seite 22) – Konzentration (Sie sprühen, Seite 23) – Angespanntheit (Gleichzeitig verschwindet Fischer als lautloser Schatten …, Seite 23) – Erregtheit („Geil! Voll geil!“, Seite 24) – Trotz („Ich mach es!“, Seite 25)

KV Seite 11

Glatze

Zu Beginn des Romans wird der Leser mit einer Szene konfrontiert, die an einen Actionfilm erinnert: Drei Jugendliche werden vorgestellt, die sich bei einer Art Mutprobe in Lebensgefahr begeben. Bereits hier wird jedoch deutlich, dass sich die männliche Hauptfigur von dieser Aktion distanziert („Verdammte Soße. Ich hab keinen Bock mehr.“, Seite 8). Dennoch ist Glatze Teil dieser Gruppe und steht deshalb unter Zugzwang. Mithilfe der Textstelle sollen die Schüler herausarbeiten, wie er einzuschätzen ist und was sein Denken und Fühlen bestimmt. Deutlich sollen vor allem seine Unsicherheit und innere Zerrissenheit werden.

Mögliche Lösung

Schlüsselwörter: lässig, Spiel, Fäden, Puppe mit der Glatze, Panik, Angst, nicht die leiseste Ahnung, nach den ewig gleichen Regeln, alles egal

zu streichende Begriffe: Sorglosigkeit, Mut, Wut, Fantasie, Zufriedenheit, Abenteuerlust

Das Gefühl, das Glatze in dieser Textstelle am meisten bestimmt, ist seine Unsicherheit/Ratlosigkeit, weil er dem Leben keinen erkennbaren Sinn abgewinnen kann. Diese Leere macht ihm so viel Angst, dass er in Kauf nimmt, dass ein anderer ihm sagt, was er tun soll – selbst wenn er sich mit diesen Regeln nicht identifizieren kann.

Glatze macht bei dem Spiel mit, weil er nicht weiß, was er sonst machen soll.
Glatze spielt vor den anderen beiden Jungen den „Coolen“, weil er nicht möchte, dass sie seine Angst bemerken.
Glatze wehrt sich nicht gegen die Bevormundung Fischers, weil er froh ist, wenn ihm einer sagt, wo es langgeht.

KV Seite 12

Glatzes Clique

Glatzes Clique spielt in dem Roman eine wichtige Rolle. Bereits im 1. Kapitel wird deutlich, dass die Rollen innerhalb dieser Gruppe klar verteilt sind. Anhand vorgegebener Rollenkarten, die sich an dem Modell gruppendynamischer Rollen von Schindler (1957) orientieren, bestimmen die Schüler diese Strukturen. Indem sie die Bilder der Figuren entsprechend anordnen und die Beziehungen untereinander mithilfe von Pfeilen darstellen, entsteht eine erste Figurenkonstellation. Die unterschiedlichen Darstellungsformen sollten in der Klasse verglichen werden. So lassen sich gemeinsam Kriterien für die Brauchbarkeit grafischer Darstellungen entwickeln. Alternativ oder weiterführend kann die Gruppenhierarchie auch in Form eines Standbilds wiedergegeben werden (siehe Kreativ aktiv, Seite 9).

Die Figurenkonstellation kann im Laufe der Lektüre immer wieder überprüft und verändert werden. Gegebenenfalls können die Schüler weiterführend die Gruppendynamik der eigenen Klasse reflektieren. Voraussetzung hierfür ist, dass sich die Klasse gut kennt und über eine gute Kommunikationsstruktur verfügt.

Vorab sollte außerdem klargestellt werden, dass es grundsätzlich keine „schlechten“ oder „guten“ Rollen gibt, sondern dass jede für die Stabilität einer Gruppe wichtig ist. Außerdem kann jeder in unterschiedlichen Gruppen auch unterschiedliche Rollen einnehmen, d.h. niemand ist grundsätzlich „der Sündenbock“ oder „der Mitläufer“, auch wenn bestimmte Charaktereigenschaften diese Rollen begünstigen.

Mögliche Lösung

Fischer nimmt innerhalb der Clique die Führungsrolle ein. Er ergreift als Einziger die Initiative, auch wenn er selbst keine klaren Ziele vor Augen hat („Wir müssen schon selber was machen, sonst können wir uns gleich einsargen lassen, kapierst du?“, Seite 9). Er trifft die Entscheidungen („Okay, gehen wir sprayen.“, Seite 9), verteilt die Aufgaben („Wer ist dran mit Farbe holen?“, Seite 9) und tadelt bzw. lobt die anderen Gruppenmitglieder (tätschelt Ratte die Wange, Seite 9).

Ratte ist ein typischer Mitläufer. Auch wenn er nicht immer mit Fischers Zielen einverstanden ist („Ich hab auch keinen Bock mehr“, Seite 8), ist er sich seiner eigenen Meinung nicht sicher und kann diese nicht durchsetzen (Aber er sagt es ziemlich leise, als wäre er sich nicht sicher, Seite 8). Außerdem ist es ihm wichtig, Anerkennung von Fischer zu bekommen (Wenn der Kleine was gut gemacht hat, kann er ruhig frech werden. Der Boss mag das, Seite 9).

Glatze kann man am ehesten als Außenseiter bezeichnen. Er ist mit Fischers Zielen nicht einverstanden, weil er erkennt, dass sie keinen Sinn ergeben. Außerdem durchschaut er, welche Rollenverteilung innerhalb der Gruppe vorherrscht (Wenn der Kleine was gut gemacht hat ..., Seite 9). Für die Rolle des Opponenten ist er zu wenig aggressiv und „Führungspersönlichkeit“ (Fischer wischt sich die Lederjacke ab, da, wo Glatzes Finger feuchte Abdrücke hinterlassen haben, Seite 9).

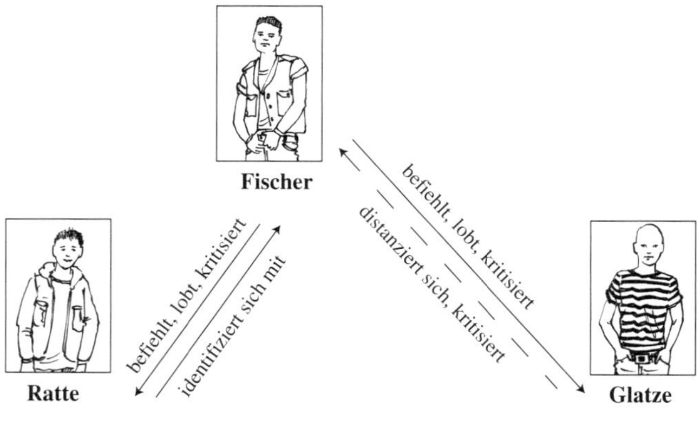

KV Seite 13

Lola

Mithilfe dieser Kopiervorlage findet eine erste Auseinandersetzung mit der weiblichen Hauptfigur des Romans statt. Der Einsatz empfiehlt sich nach der Lektüre der ersten sieben Zettel. Zu diesem Zeitpunkt haben die Schüler bereits einiges über Lola erfahren, aber noch kein klares Bild vor Augen. So stellt die erste Aufgabe auch eine intuitive Annäherung dar: Alle vier Bilder können begründet zugeordnet werden, je nachdem, welche Eigenschaften den Schülern besonders an Lola aufgefallen sind. Für die zweite Aufgabe ist genauere Textarbeit erforderlich. Durch die Angabe von Textstellen als Beleg wird eine wichtige Kompetenz der Lektürearbeit geschult.

Mögliche Lösung

	ist pfiffig, gewitzt, überlegt, aufgeweckt, wirkt spontan und selbstbewusst, ist eher lässig angezogen als modern
	wirkt nachdenklich, grübelt, hat gute Einfälle und Ideen, macht sich viele Gedanken
	wirkt stark, fordernd und souverän, geht Konfrontationen wahrscheinlich nicht aus dem Weg
	wirkt verspielt und träumerisch, nimmt Dinge eher auf die leichte Schulter, wirkt kokett, kleidet sich sexy

	sehr	ziemlich	durch-schnittlich	ziemlich	sehr		Textstelle (Seite, Zeile)
fröhlich				X		traurig	Sie ist genervt, weil Ferien sind. (Seite 18, Zeile 2–4)
selbst-bewusst	X					unsicher	Sie bestimmt, was ihr wichtig ist. (Seite 12, Zeile 12/13)

	sehr	ziemlich	durch-schnittlich	ziemlich	sehr		Textstelle (Seite, Zeile)
gefühlsbetont				X		vernunftbestimmt	Sie revidiert ihr Erschrecken über Glatzes Aktion (Seite 17, Zeile 11/12)
kritisch		X				unkritisch	Sie hinterfragt den Sinn von Tagebüchern. (Seite 11/12)
temperamentvoll	X					zurückhaltend	Sie schreit Glatze an. (Seite 14, Zeile 18–20)
kreativ	X					einfallslos	Sie will ihr T-Shirt in einem Bilderrahmen aufhängen. (Seite 17, Zeile 18/19)
durchdacht		X				planlos	Sie entscheidet sich bewusst gegen das Tagebuchschreiben und durchdenkt ihre „Zettelaktion“ genau. (Seite 11/12)

KV Seite 14

Lolas Zettelwand

Die vorliegende Kopiervorlage greift Lolas Überlegungen zum Tagebuchschreiben in den ersten beiden Zetteln auf. In der ersten Aufgabe erarbeiten die Schüler grundlegende Merkmale des Tagebuchschreibens. Anschließend werden allgemeiner Überlegungen zu modernen Formen der Kommunikation und ihren Merkmalen angestellt. Die Schüler können hier von ihrer eigenen Erfahrung ausgehen. Gleichzeitig werden Überlegungen zu individuellen Kommunikationsgewohnheiten und -bedürfnissen angestellt. Diese werden schließlich wieder auf die Lektüre angewendet: Ist Lolas Zettelwand ein Ersatz für persönliche Kommunikation? Gibt es moderne Kommunikationsformen (wie z. B. ein anonymes „Gespräch“ im Chatroom), die die Schüler vorziehen würden? Weitere Anregungen zu Lolas Zettelwand finden Sie bei den Gesprächs- und Schreibanlässen sowie unter Kreativ aktiv auf Seite 8/9.

Mögliche Lösung

Merkmal	nach Lola	Lexikonartikel
Form des Tagebuchschreibens	in zeitlicher Reihenfolge geordnet, mit Datum versehen, in einem Buch	chronologisch geordnet, wird nicht veröffentlicht
Ziel des Tagebuchschreibens	sich über alle möglichen Dinge klar werden	Medium der Selbstvergewisserung und Erinnerung
Inhalt eines Tagebuchs	alles, was man will; was einem wichtig ist	Erlebnisse, Aktivitäten, Stimmungen, Gefühle
zeitlicher Abstand der Einträge	tägliche Einträge	regelmäßiges Berichten

Lolas Verständnis des Tagebuchschreibens entspricht der im Lexikon vorgegebenen Definition. Lediglich den zeitlichen Abstand der Einträge legt sie etwas strenger aus.

- Weblog: Darstellung von Aspekten des eigenen Lebens und Meinungen zu bestimmten Themen im Internet. Die Beiträge sind einem bestimmten Blogger zugeordnet und häufig in der Ich-Form verfasst. Sie erscheinen in chronologischer Reihenfolge, wobei der aktuellste Beitrag jeweils an erster Stelle steht. Kommentare und Meinungen von Lesern sind meistens zulässig, sodass der Weblog dem Meinungs- und Informationsaustausch, aber auch der Kommunikation dienen kann.
- Chat: Beim Chat handelt es sich um das zeitgleiche Austauschen elektronischer Nachrichten, meistens über das Internet. Chatten kann man mit einer Person oder öffentlich in einem Chatroom, in dem der Beitrag dann allen anwesenden Chattern präsentiert wird. Wie bei einem Gespräch sind die Teilnehmer gleichzeitig „anwesend“ und können direkt auf die Nachrichten reagieren. So bedeutet der Begriff „chatten“ im Deutschen „sich unterhalten, plaudern“.
- E-Mail: Abkürzung für „Electronic Mail“, d. h. elektronischer Brief; eine Nachricht (Text, Bild, Animation, Film o. Ä.), die über das Internet an die Adresse eines anderen Teilnehmers versendet wird. Der Empfänger wird beim nächsten Öffnen seines Mailaccounts (dem virtuellen „Briefkasten“) auf die Nachricht aufmerksam gemacht und kann diese öffnen und lesen.

- Telefongespräch: Kommunikation von zwei Teilnehmern über das Telefonnetz. Dafür muss eine Verbindung zwischen den Teilnehmern aufgebaut werden.
- persönliche Unterhaltung: mündlicher Austausch von Nachrichten (verbal und nonverbal) zwischen mindestens zwei Personen. Voraussetzung ist, dass die Gesprächsteilnehmer zur selben Zeit am selben Ort sind.

In der Diskussion geeigneter Kommunikationsformen in entsprechenden Situationen können folgende Kriterien herangezogen werden: räumliche Nähe vs. räumliche Distanz der Kommunikationspartner, zeitgleiche vs. zeitversetzte Kommunikation, Erreichen eines vs. Erreichen mehrerer Kommunikationspartner, Öffentlichmachen vs. Geheimhaltung von Beiträgen, schriftliche vs. mündliche, persönliche vs. unpersönliche Kommunikation.

Lolas Zettelwand orientiert sich stark an einem Tagebucheintrag (Selbstversicherung, Erinnerung). Jedoch entscheidet sie sich gegen eine zeitliche Reihenfolge der Beiträge und nimmt in Kauf, dass ihre Eltern ihre Zettel sehen können. Diskutiert werden können unter anderem folgende Punkte, die Lola in ihren Überlegungen voraussetzt: Gibt es Dinge, über die man mit niemandem reden kann? Ist ein ungeordnetes Festhalten von Gedanken sinnvoll?

Gesprächs- und Schreibanlässe

Lola und die Erwachsenen

- Lola schreibt von ihrem Vater als „Mein Herr Vater". Wie empfindest du diese Bezeichnung?
- Wie könnte die Beziehung zwischen Lola und ihrem Vater aussehen?
- Welche anderen Hinweise liefern die ersten Zettel darüber, wie Lola Erwachsenen gegenüber eingestellt ist?

Ein besonderes „Tagebuch"

Lola entscheidet sich dagegen, ein Tagebuch zu schreiben. Stattdessen will sie alle wichtigen Gedanken auf losen Zetteln festhalten.

- Kannst du ihre Argumente nachvollziehen? Was sind für dich Vor- und Nachteile eines Tagebuchs?
- Was hältst du von Lolas „Zettelmethode"? Kannst du dir auch vorstellen, deine Gedanken in dieser Weise aufzuschreiben?
- Über welche Themen würdest du in einem Tagebuch oder auf Zetteln schreiben?
- Kennst du andere Formen, seine Gedanken für sich selbst aufzuschreiben? Berichte darüber.

Begegnung mit Glatze

Im 2. Kapitel schreit Lola Glatze an, weil er sich beim Überqueren der Straße in Lebensgefahr gebracht hat. Darüber schreibt sie auch etwas auf ihrem Zettel Nr. 3.

- Welche Hinweise liefern die Textstellen, woher Lola und Glatze sich kennen und wie sich ihre Beziehung bisher gestaltet hat?
- Wie würdet ihr reagieren, wenn ihr Glatzes Verhalten beobachtet hättet?
- Kennt ihr die Situation, dass man mit Freunden aus der Kindheit oder mit Jugendlichen, die in der Nachbarschaft wohnen, keinen Kontakt (mehr) hat? Stellt Vermutungen darüber an, was die Ursachen dafür sein könnten.

Modefragen

Lola ärgert sich zuerst darüber, dass ihr die Mutter etwas zum Anziehen mitbringt.

- Wie würdest du darauf reagieren, wenn dir ein Elternteil Kleidung schenkt? Welche Bedingungen würdest du an ein solches Geschenk knüpfen?
- Worin unterscheidet sich deiner Meinung nach der Kleidungsstil von Erwachsenen und Jugendlichen?
- Hast du wie Lola Lieblingskleidungsstücke? Was macht ein normales Kleidungsstück zum „Lieblingsstück"?

Öde Ferien

„Wenn Schule ist, wünscht man sich die ganze Zeit, dass endlich Ferien sind, und dann hängst du doch nur rum und weißt nicht, was du machen sollst – verrückt!"

- Kennst du dieses Gefühl, das Lola hier beschreibt? Woran liegt es deiner Meinung nach, dass auch freie Tage nerven können?
- Unterbreite Lola Vorschläge, wie sie ihre Sommerferien auch ohne ihre beiden besten Freundinnen interessant gestalten kann.
- Lolas Vater will nicht in den Urlaub fahren, weil er sich nicht sicher sein kann, dann seinen Job zu behalten. Kannst du das nachvollziehen?

Kreativ aktiv

Eine Zettel-Pinnwand erstellen

Es bietet sich an, dass die Schüler lektürebegleitend selbst eine Zettel-Pinnwand im Klassenzimmer erstellen. Sie wählen eigene Themen und Schwerpunkte zum Roman, die im Laufe der Unterrichtsreihe immer wieder ergänzt oder umgestaltet werden können. Im Anschluss an die Lektüre werden die Zettel dann gemeinsam ausgewertet. Es können Fragen gestellt, aber auch Entwicklungen aufgezeigt werden („Dieser Aspekt erschien mir zuerst wichtig, aber jetzt kann ich das nicht mehr nachvollziehen …“).

Für die Gestaltung der Zettel-Pinnwand können Sie die relevanten Aspekte vorgeben. Alternativ können die Schüler diese im Rahmen eines freien Projekts selbst bestimmen. Entscheidend ist in diesem Fall, was die Schüler als wichtig erachten: Sie können sich z. B. im Verlauf der Lektüre auf einzelne Figuren und deren Entwicklung festlegen oder ihren Schwerpunkt auf die inhaltliche Zusammenfassung des Romans setzen.

Denkbar ist auch eine Auseinandersetzung mit einem der zentralen Themen der Lektüre: Jugend, Familie, Freundschaft, Generationskonflikt, Probleme Jugendlicher, Selbstfindung, Risikoverhalten Jugendlicher, Krankheit, Liebe oder Sexualität. Hierbei können Zeitungsartikel sowie Verweise auf weitere thematisch relevante Bücher oder Filme berücksichtigt werden.

Die Schüler finden sich in festen Arbeitsgruppen zusammen, die sich auf ein bestimmtes Thema spezialisieren und dieses eigenverantwortlich erarbeiten. Zum Abschluss der Lektüre wird dann die Zettel-Pinnwand präsentiert: Die einzelnen Arbeitsgruppen stellen ihre Ergebnisse vor und berichten über die eigene Arbeitsweise sowie über eventuell aufgetretene Schwierigkeiten während des Arbeitsprozesses.

Ein Lesetagebuch führen

Die Schüler führen lektürebegleitend ein Lesetagebuch. Dabei sind folgende Einträge denkbar: kurze Zusammenfassungen des Gelesenen, kreative Umsetzung einzelner Kapitel (Text oder Bild), Gedanken oder Gefühle während der Lektüre, besonders lustige, traurige, spannende Textstellen, Kritik an Verhaltensweisen der Figuren, an einzelnen Passagen oder Inhalten der Lektüre.

Hinweise zu Aufbau und Gestaltung des Lesetagebuchs:

- Gestalte den Umschlag so, dass Titel und Thema des Buches deutlich werden.
- Nummeriere die Innenseiten deines Lesetagebuchs. Ergänze das Datum deiner Einträge.
- Schreibe auf die Innenseite des Deckblatts ein „Inhaltsverzeichnis“, das du deinen Einträgen entsprechend erweiterst.

T-Shirts selbst gestalten

T-Shirts mir Sprüchen oder individueller Gestaltung sind häufig Statements Jugendlicher. Die Schüler erhalten die Gelegenheit, gegebenenfalls im Rahmen des Kunstunterrichts, eigene T-Shirts zu gestalten. In diesem Zusammenhang sollte auch diskutiert werden, wie die Schüler zu T-Shirts mit sexistischen oder diskriminierenden Sprüchen stehen.

Eine Arbeitsmarkt-Analyse durchführen

Lolas Vater hat Angst davor, seinen Arbeitsplatz zu verlieren, wenn er mit seiner Familie in den Urlaub fährt. Zur Erarbeitung dieses heiklen, aber dennoch wichtigen Themas können Sie den Schülern aktuelle Statistiken zur Arbeitsmarktlage vorlegen. Die Schüler werten diese aus, z. B. unter der Fragestellung: Welche Berufe oder Berufssparten sind besonders von Entlassungen betroffen? Die Ergebnisse werden in der Klasse präsentiert. Weiterführend kann überlegt werden, welche Konsequenzen der Verlust des Arbeitsplatzes für eine Familie hat. Was kann man tun, um wieder eine Stelle zu finden? Welche Unterstützung wird vonseiten des Staates angeboten?

Eine Meer-Collage gestalten

Lola schreibt auf dem Zettel Nr. 6 über ihre Sehnsucht, im Urlaub ans Meer zu fahren. Die Schüler gestalten eine Collage zum Thema. Dazu bietet es sich an, verschiedene Urlaubskataloge auszuwerten und dieses Material mit anderen Bildern und eigenen Formulierungen zu kombinieren. Möglich ist es auch, zum Thema „Urlaub am Meer“ Gedichte oder Assoziationsketten zu entwickeln. Eigene Urlaubserfahrungen oder noch nicht erfüllte Reisewünsche können dabei berücksichtigt werden.

Ein Standbild bauen

Die Schüler stellen die Beziehungen von Glatze, Fischer und Ratte untereinander in Form eines Standbilds dar. Dabei verzichten sie bewusst auf Sprache. Die Hierarchie innerhalb der Gruppe wird nur durch Körperhaltung, Gestik und Mimik ausgedrückt.

Im Laufe der Lektüre können weitere Standbilder gebaut werden, um Veränderungen innerhalb der Gruppe aufzuzeigen (z. B. durch Glatzes Beziehung zu Lola, durch Fischers Unfall). Für den direkten Vergleich können von den jeweiligen Standbildern Fotos gemacht werden.

Die Figuren des Romans

Fülle den Steckbrief mithilfe der Lektüre aus. Male ein Bild in den Kasten oder suche in Zeitschriften ein passendes Foto und klebe es ein. Ergänze die Informationen im Laufe der Lektüre.

Name: ____________________

Aussehen: ____________________

____

____

Familie: ____________________

____

____

____

Charaktereigenschaften: ____________________

____

Sonstiges: ____________________

____

Gestalte für deine Figur für einen bestimmten Abschnitt des Romans ein Gefühlstagebuch:

- Wähle aus den Kärtchen die Gefühle aus, die die Figur durchlebt. Ergänze, falls nötig, eigene Begriffe.
- Schneide die Gefühlskärtchen aus und klebe sie in zeitlicher Reihenfolge auf ein Blatt. Ergänze daneben stichwortartig eine entsprechende Stelle aus dem Roman.

Angst — Er zieht fröstelnd die Schultern hoch. (Seite 7)

Entschlossenheit — „Verdammte Soße. Ich hab keinen Bock mehr!" (Seite 8)

Stolz	Freude	Glück	Erregtheit
Ohnmacht	Scham	Schuld	Anspannung
Unruhe	Angst	Panik	Neugier
Trotz	Ärger	Aggression	Niedergeschlagenheit
Wut	Abneigung	Hass	Gleichgültigkeit
Sorge	Traurigkeit	Schmerz	Langeweile

Glatze

Was erfährt der Leser zu Beginn des Romans über Glatze? Lies die Textstelle von Seite 10 und unterstreiche Schlüsselwörter.

> Die Hände in den Hosentaschen, lässig, wie einer, der weiß, wo es langgeht. Dabei ist es genau das, was er am allerwenigsten weiß. Sie spielen ein Spiel. Aber es ist nicht ihr Spiel. Als würde da irgendwo einer sitzen, der die Fäden in der Hand hält. Manchmal lässt er ein bisschen locker und schon weiß die Puppe mit der Glatze nicht weiter. Kriegt Panik, fragt sich, wozu das alles gut sein soll – aber weiß eben auch nichts Besseres. Schafft es nicht, einfach aufzuhören und abzuhauen. Hat Angst vor dem, was dann ist. Hat nicht die leiseste Ahnung, was überhaupt sein könnte. Und ist eigentlich immer froh, wenn die Fäden wieder straff gezogen werden. Wenn das Spiel weiterläuft, nach den ewig gleichen Regeln. „Ist doch egal, was du machst“, sagt die eine Puppe zur anderen. „Alles egal.“

Streiche die Begriffe aus den Gedankenblasen, die nicht zu der kurzen Beschreibung von Glatze passen.

Sorglosigkeit, Gleichgültigkeit, Frustration, Unsicherheit, Wut, Abhängigkeit, Mut, Ratlosigkeit

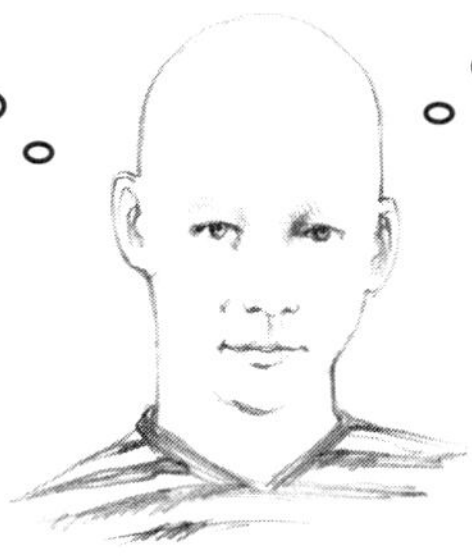

Langeweile, Fantasie, Zufriedenheit, Angst, Abenteuerlust

Ergänze die folgenden Satzanfänge.

Glatze macht bei dem Spiel mit, weil …

____

Glatze spielt vor den anderen beiden Jungen den „Coolen“, weil …

____

Glatze wehrt sich nicht gegen die Bevormundung Fischers, weil …

____

Welches der oben genannten Gefühle bestimmt in der zitierten Textstelle hauptsächlich Glatzes Denken? Begründe deine Meinung.

____

____

____

Glatzes Clique

In Gruppen werden in der Regel verschiedene Rollen eingenommen. Lies dir die folgenden Profile durch und ordne Fischer, Ratte und Glatze jeweils eine Position zu. Begründe deine Entscheidungen mithilfe des Textes.

Der Gruppenführer hält die Gruppe zusammen. Er bestimmt die Gruppenziele und sorgt dafür, dass diese auch umgesetzt werden. Er verteilt Aufgaben und kontrolliert Leistungen.

Der Sündenbock ist häufig ein Außenseiter, der sich nicht immer an die Regeln der Gruppe hält oder auch Kritik äußert. Er dient als eine Art „Blitzableiter“ für Probleme der Gruppe, z.B. wenn ein gemeinsames Projekt scheitert oder ein Termin nicht eingehalten werden kann. Diese Rolle kann abwechselnd von unterschiedlichen Personen eingenommen werden.

Der Mitläufer identifiziert sich mit dem Gruppenführer. Häufig trägt er die Hauptlast der Gruppenarbeit. Er ist mit der gruppeninternen sozialen Rangordnung zufrieden und erhebt keinen Führungsanspruch. Für ihn ist es wichtig, die Gunst des Gruppenführers zu besitzen.

Der Außenseiter hat eine größere Distanz zum Gruppenführer als die anderen Mitglieder. Er identifiziert sich nicht vollständig mit den Zielen der Gruppe. Häufig ist er autonom und nimmt eine Beobachterposition ein. In dieser Rolle befinden sich oft Berater oder Spezialisten, die eventuell sogar kompetenter sind als der Gruppenführer, aber nicht dessen Führungsqualitäten besitzen.

Der Opponent (von lat. „opponere“ = „entgegensetzen“) ist ein starkes Gruppenmitglied. Er besitzt Führungsqualitäten und macht dem Gruppenführer somit bewusst oder unbewusst seine Position streitig. Ihm geht es mehr um seine eigenen Interessen als um die der Gruppe. Dadurch entstehen oft soziale Konflikte.

Schneide die Bilder von Fischer, Ratte und Glatze aus. Klebe sie so auf, dass ihre Rollen innerhalb der Clique deutlich werden. Veranschauliche zusätzlich durch Pfeile, welche Beziehungen zwischen den Gruppenmitgliedern bestehen.

Lola

Nach den ersten Zetteln hast du Lola nun schon ein bisschen kennengelernt. Die folgenden Illustrationen zeigen vier Facetten dieser Figur. Wähle ein Bild aus und begründe, warum es am ehesten deiner Vorstellung von Lola entspricht.

1 2 3 4

____

____

Was erfährt man über Lolas Charakter? Kreuze in der Tabelle an und suche für deine Einschätzung jeweils einen Textbeleg.

	sehr	ziemlich	durch-schnittlich	ziemlich	sehr		Textstelle (Seite, Zeile)
fröhlich						traurig	
selbstbewusst						unsicher	
gefühlsbetont						vernunftbestimmt	
kritisch						unkritisch	
temperamentvoll						zurückhaltend	
kreativ						einfallslos	
durchdacht						planlos	

Lolas Zettelwand

Lies den folgenden Text. Halte stichwortartig wesentliche Merkmale des Tagebuchschreibens fest. Überprüfe, inwiefern Lolas Verständnis vom Tagebuchschreiben mit dieser Definition übereinstimmt.

Ein **Tagebuch** ist eine autobiografische Aufzeichnung in chronologischer Form.
Darin werden eigene Erlebnisse und Aktivitäten, aber auch Stimmungen und Gefühle aufgezeichnet. Es ist ein Medium der Selbstvergewisserung und Erinnerung und zeichnet sich durch einen hohen Grad an Subjektivität aus. Kennzeichen aller Tagebücher ist die Regelmäßigkeit des Berichtens. Ein Tagebuch wird für gewöhnlich nicht mit dem Ziel einer Veröffentlichung geschrieben.

Wodurch zeichnen sich die folgenden Kommunikationsformen aus? Verfasse zu einem der Begriffe einen entsprechenden Lexikoneintrag.

Weblog   Chat   E-Mail   Telefongespräch   persönliche Unterhaltung

Welche der genannten Kommunikationsformen würdet ihr in den folgenden Situationen wählen? Begründet eure Meinung.

- wenn man seine Meinung zu einem wichtigen Thema äußern will
- wenn man Leute zu einer Party einladen will
- wenn man mit dem Freund/der Freundin Schluss machen will
- wenn man seinen Liebeskummer verarbeiten will
- wenn man sich für den Abend verabreden will
- wenn man jemandem mitteilen will, dass man ihn/sie mag

Warum entscheidet sich Lola dafür, eine Zettelwand zu erstellen? Erscheint euch diese für ihren Zweck geeignet? Sprecht über Vor- und Nachteile dieser Methode.

3. bis 5. Kapitel: Lola und Glatze!

Inhalt

(3. und 4. Kapitel) Fischer, Ratte und Glatze sprayen illegal unter einer Autobahnbrücke. Sie werden dabei von einer Zivilstreife beobachtet und flüchten hinter der Lärmschutzwand an der Autobahn bis zum nächsten Notausgang. Durch diese geglückte Flucht aufgepuscht, hat Fischer die Idee, das Überqueren der Autobahn zu einer neuen Mutprobe auszubauen. Glatze und Ratte geht dieser Plan zu weit.

Glatze versucht, sich mit Ratte über seine Sinnsuche zu unterhalten, scheitert jedoch am Unverständnis des Freundes. Daraufhin zieht Glatze allein los, um sein „Spraykunstwerk" unter der Autobahnbrücke zu vollenden. Da er dabei wieder an Lola denken muss, sprayt er statt der geplanten Forderung nach *MEHR BETON!* eine Liebeserklärung an die Betonpfeiler: *LOLA UND GLATZE!* Er kann sich dies selbst nicht erklären, fühlt sich aber so gut, dass er unwillkürlich ein Lied von der Gruppe „The Kooks" zu singen beginnt.

(Lolas Zettel Nr. 8 – 12) Mit den folgenden Zetteln lernt man die Hauptfigur Lola näher kennen. Sie ärgert sich darüber, dass sie – anders als ihre besten Freundinnen Lydia und Sophie – nicht in den Urlaub fahren kann. Außerdem schreibt sie über ihren aktuellen Lieblingsfilm „Million Dollar Baby", in dem erzählt wird, wie eine Frau ihre Träume verwirklicht.

(5. Kapitel) Glatze liegt schlaflos im Bett und denkt über sein Leben nach: Die Beziehung seiner Eltern ist so schlecht, dass sie nicht mehr miteinander reden. Obwohl sein Vater eine gut gehende Arztpraxis hat, kann der Sohn ihn nicht als Vorbild betrachten. Der Vater raucht zu viel und trinkt bereits morgens Alkohol. Außerdem wirft Glatze ihm vor, dass er sich nicht für seinen Sohn interessiert. Auch mit seiner Mutter kann Glatze nicht über das sprechen, was ihn wirklich beschäftigt. In diesem Zusammenhang stellt er auch die langjährige Freundschaft zu Fischer und Ratte infrage. Der einzige „Rettungsanker" ist in diesem Moment der Gedanke an Lola.

(Lolas Zettel Nr. 13 – 16) Zunehmend denkt Lola über Glatze nach. Dabei werden besonders seine lebendigen Augen hervorgehoben. Auch zeigt sich dem Leser eine erste Übereinstimmung: Wie Glatze gefällt auch Lola der Kooks-Song „I fell in love with the seaside". Man merkt, dass auch sie auf der Suche nach einem Sinn ist und sich gegenüber den vielen Katastrophen, von denen man täglich hört, hilflos fühlt. Aber anders als Glatze fühlt sie sich dadurch zum Handeln animiert.

Unterrichtsschwerpunkte

- Jugend und Pubertät
- Jugendkultur

Zu den Kopiervorlagen

KV Seite 20

Wahre Freunde?
Auf Seite 37 macht sich Glatze Gedanken darüber, ob Fischer und Ratte wirklich seine Freunde sind. Davon ausgehend können sich die Schüler damit auseinandersetzen, was Freundschaft für sie bedeutet. Der Fragebogen bietet einen individuellen Zugang zu dem Thema. Die anschließende Auswertung der Ergebnisse in der Klasse schafft ein Bewusstsein dafür, dass es unterschiedliche Kriterien für eine „wahre" Freundschaft gibt. Gegebenenfalls können die Ergebnisse auch ausgewertet und z. B. in Form einer Grafik präsentiert werden.

In einer individuellen Definition bringen die Schüler die zuvor angestellten Überlegungen noch einmal auf den Punkt. Diese soll abschließend auf den Text angewandt werden. Das Sammeln von Textbelegen führt noch einmal zu einer vertieften Auseinandersetzung mit den relevanten Textstellen.

Mögliche Lösung
Folgende Punkte sprechen dagegen, dass man Ratte, Glatze und Fischer als „wahre Freunde" bezeichnen kann:
- Der Einzige, der von den Mutproben begeistert ist, ist offensichtlich Fischer. Die anderen machen mehr oder weniger mit, um überhaupt etwas zu unternehmen. Es wirkt so, als könnten die drei eigentlich nicht mehr so viel miteinander anfangen. (möglicher Textbeleg: der Streit nach Rattes gefährlicher Aktion, Seite 8/9)
- Glatze kann mit Fischer und Ratte nicht über das sprechen, was ihn bewegt. (möglicher Textbeleg: Glatzes Gesprächsversuch mit Ratte, Seite 28/29)
- Die drei stehen einander nicht bei. Wenn es gefährlich wird, ist jeder auf sich gestellt. (möglicher Textbeleg: die Reaktion von Fischer und Glatze, als Ratte fast überfahren wird, Seite 7/8)

Folgende Punkte können dafür angeführt werden, dass Ratte, Glatze und Fischer gut befreundet sind:
- Die drei sehen sich fast jeden Tag und unternehmen viel miteinander.
- Zumindest das Sprayen scheint allen dreien Spaß zu machen. Damit gibt es schon ein gemeinsames Interesse. (Seite 23)
- Als sich Glatze übergeben muss, hilft ihm Fischer. (Seite 45/46)

KV Seite 21

Auf der Überholspur

Eine Untersuchung amerikanischer Forscher bestätigt die Theorie, dass sich in der Pubertät das Gehirn der Jugendlichen im Umbau befindet und oft emotionale Entscheidungen vor logischen Entscheidungen getroffen werden. Auch die Beeinflussung durch Freunde, Erwartungshaltungen und Gruppenzwang können dazu führen, dass sich Jugendliche zu unüberlegten Handlungen hinreißen lassen. Anhand eines kurzen Informationstextes erwerben die Schüler grundlegendes Wissen zum Thema. Da dieser viele Fremdwörter enthält, ist es gegebenenfalls sinnvoll, Fremdwörterlexika zur Verfügung zu stellen. In einem zweiten Schritt tragen die Schüler in einer Mindmap mögliche Risikosituationen zusammen. Abschließend sollen präventive Aktionen und Maßnahmen vorgestellt und diskutiert werden. Je nachdem, wie stark Sie dieses Thema ausdehnen wollen, können zu den einzelnen Themenbereichen (Drogenkonsum, Mutproben o. Ä.) auch Experten eingeladen oder entsprechende Behörden gemeinsam besucht werden. Zum Thema „Gruppendruck“ siehe auch Kopiervorlagen Seite 43/44.

Mögliche Lösung

- In Anwesenheit ihrer Clique oder anderer Gleichaltriger entscheiden Jugendliche eher gefühls- als verstandesmäßig.
- Bei Jugendlichen sind sowohl das emotionale als auch das kognitive Netzwerk noch nicht ausgeprägt. Die Überaktivität des emotionalen Netzwerks kann durch das kognitive Netzwerk in den entsprechenden Situationen nicht kontrolliert werden.
- Die Forscher schlagen eine Vermeidungsstrategie vor: Der Einfluss der Freunde soll minimiert werden.

„Kognitives“ und „emotionales Netzwerk“

Trifft der Mensch eine Entscheidung, ist im Gehirn vor allen Dingen das sogenannte kognitive Netzwerk aktiv. Es umfasst mehrere Teile der Großhirnrinde und sorgt dafür, dass die Entscheidungen logisch und vorausdenkend sind.

Wenn Entscheidungen nicht rational, sondern unter dem Einfluss von Gefühlen getroffen werden, werden diese von einem „emotionalen Netzwerk“ kontrolliert, das Hirnstrukturen wie z. B. das sogenannte limbische System oder den Mandelkern beinhaltet.

In dem Versuch, der auf der Kopiervorlage Seite 21 beschrieben wird, zeichnete der Kernspintomograf auf, welche Regionen des Gehirns während der simulierten Fahrt aktiv waren. Je nachdem, welches der beiden Netzwerke überwiegt, sind Entscheidungen eher rational oder von Gefühlen gesteuert. Bei Erwachsenen hat normalerweise das rationale System die Oberhand.

KV Seite 22

Pubertät ist, wenn …

Sowohl Glatze als auch Lola denken immer wieder über den Sinn des Lebens nach. Beide sind in der Pubertät, einer Phase des Umbruchs und der Neuorientierung. Die Kopiervorlage bietet einen individuellen und emotionalen Zugang zu diesem Thema. Vorschläge für die Erarbeitung eines theoretischen Überblicks finden Sie auf der Kopiervorlage „Zeit der grenzenlosen Freiheit?“ auf Seite 25.

Ein lockerer Einstieg kann über das Sammeln von Sprüchen erfolgen. Geben Sie hierfür gegebenenfalls ein Bei-

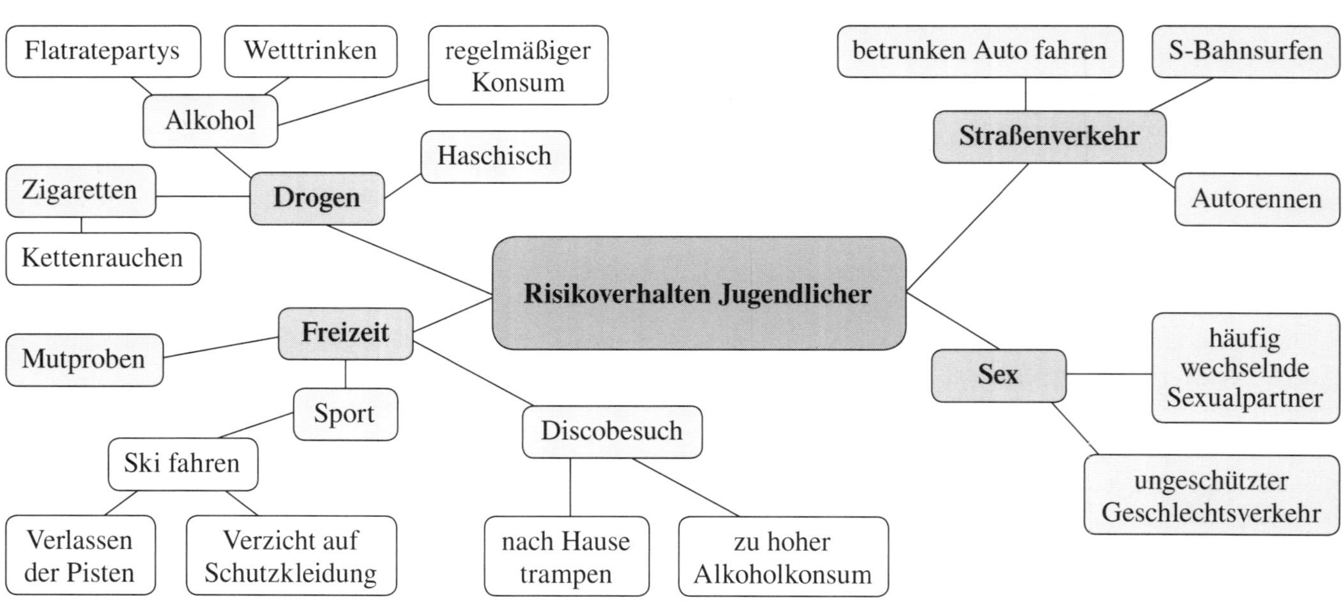

spiel vor: „Pubertät ist, wenn die Eltern anfangen schwierig zu werden." In diesem Zusammenhang kann auch ein Rechercheauftrag gestellt werden. Geeignete Objekte sind z.B. Postkarten, „Klosprüche", T-Shirt-Aufdrucke oder Auszüge aus anderen Texten oder Liedern. Ziel ist es, eine humorvolle, aber auch kreative Beschreibung dieser Lebensphase zu finden.

Anschließend suchen die Schüler aus vorgegebenen Umschreibungen des Begriffs diejenigen aus, die ihrer Meinung nach am ehesten zu den Gedanken Lolas bzw. Glatzes passen. Hier sind individuelle Lösungen möglich, da sich sowohl Lola als auch Glatze intensiv mit sich selbst und mit ihrer Umwelt auseinandersetzen.

Die Frage, welche Aussage dem Erleben der Schüler am ehesten entspricht, leitet zur anschließenden Textproduktion über. Die vorgegebenen Gedichtformen bieten verschiedene Schwierigkeitsstufen. Zur Unterstützung können Sie Beispiele vorgeben.

Weitere Aufgabenstellungen zum Thema „Zeit des Umbruchs" finden Sie bei den Gesprächs- und Schreibanlässen auf Seite 19.

Mögliche Lösung

A lles wird anders **B** loß nicht so wie ihr! **C** lown spielen **D** auertelefonieren **E** igenständigkeit … … **X** für ein U vormachen lassen **Y** -Chromosome an die Macht! **Z** iele finden	**Gedankensturm** 1. Bunte Gedanken tanzen im Kopf. 2. Das alles passiert in mir. 3. Fragen und Ängste fressen mich auf. 4. Das alles passiert in mir. 5. Eine Achterbahnfahrt 6. mit Glück und Verzweiflung. 7. Das alles passiert in mir. 8. Manchmal kenn ich mich selbst nicht mehr.
Pubertät **P**asst auf, Erwachsene! **U** ns könnt ihr nichts mehr vormachen! **B** itte keine Regeln! **E** igenständigkeit **R** echnet mit allem! **T** iefsinnige Gespräche **Ä** ngste und Zweifel **T** al- und Bergfahrt	1 Pubertät: 2 ziemlich spannend. 3 Wir suchen noch. 4 Was ihr uns vorgebt, 5 wird hinterfragt und anders gemacht. 4 Wohin die Reise geht, 3 ist nicht klar. 2 Ohne Plan. 1 Baustelle.

KV Seite 23

Popper oder Punk?

Jugendszenen bestimmen seit jeher das Leben vieler Heranwachsender. Mittlerweile ist es normal, dass Jugendliche im Laufe des Erwachsenwerdens mehrere verschiedene Szenen durchlaufen. Die Kopiervorlage bietet Ihren Schülern die Möglichkeit, sich mit dem Thema intensiver zu beschäftigen und sich über ihre eigenen Erfahrungen auszutauschen.

Der Einstieg erfolgt über einen fiktiven Zeitungsartikel aus den 80er Jahren, der sich mit zwei der ersten signifikanten Jugendgruppierungen der BRD, den Punks und den Poppern, beschäftigt. Indem die Schüler Merkmale dieser beiden „historischen" Jugendgruppen erfassen, entwickeln sie gleichzeitig ein Raster für eine Bewertung der Jugendszene ihrer eigenen Generation. Als Überleitung zu dem folgenden Rechercheauftrag bietet sich ein kurzer Austausch an: Welche Jugendgruppen gibt es heute? Anschließend sollen verschiedene Gruppen der vielfältigen Jugendszene recherchiert und präsentiert werden. Die Auswahl kann frei erfolgen. Zusätzliche interessante Aspekte können sich ergeben, wenn Sie die Referate so verteilen, dass zunächst Jugendliche über eine ihnen „fremde" Gruppe sprechen. Anschließend referieren die Schüler, die dieser Szene selbst angehören. Die Ergebnisse können Sie zum Anlass nehmen, um über das Thema Selbst- und Fremdbild zu sprechen. In der Auseinandersetzung mit drei provokanten Thesen über die heutige Jugendkultur können die Schüler die Ergebnisse ihrer Recherche argumentativ einbringen.

Die Frage, ob heutzutage schon das Normale das Außergewöhnliche ist, kann anhand eines TV-Werbespots diskutiert werden: Ein kleines Mädchen, das mit seinem Vater in einer Wohnwagensiedlung lebt, erzählt von Freunden, die in einem großen Haus leben. Auf die Aussage des Vaters, dass das alles Spießer seien, äußert das Mädchen den Wunsch, später auch „Spießer" zu werden.

Eine informative Quelle zu dem Thema bietet das Portal für Szeneforschung unter *www.jugendszenen.com.*

Mögliche Lösung

- zwei entgegengesetzte Gruppen: Popper und Punks
- Abgrenzung durch Kleidung und Frisur: braver Scheitel/Poppertolle, Markenkleidung vs. Irokesenschnitt, „Gammellook"
- Abgrenzung durch unterschiedliche Einstellungen und Verhaltensweisen: rebellisch, antikommerziell (Punks) vs. angepasst, kommerziell (Popper)

Es gibt etliche Gruppierungen, die besprochen werden können. Einige Beispiele sind: Hip-Hopper, Metaller, Emos (Emotional Hardcores), Gothics, Ökos/Alternative, Raver, Scater. Weiterführend auch: Gamer und Rollenspieler/Mittelalterszene.

„Jugendkultur ist heute nur noch Kommerz." Pro: Kreieren von Trends durch Plattenlabels und Firmen; Wecken von Bedürfnissen, die nicht aus einer inneren Haltung entstehen; Kontra: tradierte Rituale vieler Szenen, Gruppen abseits des Mainstreams

„Die Jugendkultur hat nichts Neues mehr zu bieten." Pro: vielfach Wurzeln in den 80er Jahren, aufgrund veränderter gesellschaftlicher Bedingungen Frage der Authentizität; Kontra: neue Medien als Plattformen für genuin unterschiedliche Jugendszenen, Individualisierung und Erweiterung alter Muster

„Jugendkultur hat nichts mehr mit politischem Engagement zu tun." Pro: Entpolitisierung ursprünglich politisch motivierter Musik (z. B. Soul/Gospel; Hip-Hop) und politisch konnotierter Accessoires (z. B. Palästinensertücher); Kontra: politisches Engagement unabhängig von Gruppenzugehörigkeit vorhanden

Sprayer am Werk

KV Seite 24

Diese Kopiervorlage bietet einen Überblick über wichtige Bezeichnungen und Definitionen aus der Sprayersprache. Gleichzeitig werden die Schüler schrittweise dazu angeleitet, einen Graffiti-Schriftzug zu gestalten. Die Umsetzung von Glatzes Spraymotiv (siehe hierzu auch Kreativ aktiv) stellt eine motivierende Form der Interpretation dar. Auf den Seiten 20 – 23 lässt sich Glatzes Forderung nach „mehr Beton" als Rebellion gegen die Obrigkeit und Wunsch nach Freiheit interpretieren. Eine andere Sichtweise könnte sich in Zusammenhang mit Glatzes „Autogeschichte" (Seite 49, Seite 54/55) ergeben: Hier drückt sich Glatzes Wunsch nach mehr Natur und Farbe aus.

Ausführliche Informationen und Hinweise zu „Graffiti im Kunstunterricht" finden Sie im Internet unter *http://jugendinfo.de/themen.php/163/4242/graffiti-information.html*. Diese Seite bietet zusätzlich Arbeitsblätter zu Schriftzügen, zur Ausgestaltung von Alphabeten und zur Erarbeitung individueller Graffiti.

Zeit der grenzenlosen Freiheit?

KV Seite 25

Mit zunehmendem Alter erhalten Jugendliche mehr Rechte, haben aber auch mehr Pflichten. Diese beruhen einerseits auf gesellschaftlichen Übereinkünften, wie z. B. dem Jugendschutzgesetz, z. T. ergeben sie sich aber auch aus persönlichen Wertvorstellungen. Die Kopiervorlage bietet eine Anleitung für eine strukturierte Aufarbeitung dieses komplexen Themas. Begriffe für eine Stoffsammlung sind auf der Kopiervorlage vorgegeben, können aber vorab im Unterrichtsgespräch selbstständig erarbeitet werden. Differenzierend können Sie die grafische Struktur (siehe *Mögliche Lösung*) vorgeben und von den Schülern ausfüllen lassen.

Die abschließenden Vorschläge für Gruppenarbeiten bieten unterschiedliche Anwendungsbereiche dieser Stoffsammlung und -gliederung.

Mögliche Lösung

- Freiheiten: uneingeschränkt, unabhängig, keine Grenzen, Selbstbestimmung, Bewegungsfreiheit, Rechte
- Jugendlicher: Minderjähriger zwischen 14 und 18 Jahren, noch nicht erwachsen, kein Kind mehr, Teenager
- Grenzen: Einschränkungen, Regeln, Gesetze, Barrieren, verbindliche Richtlinien

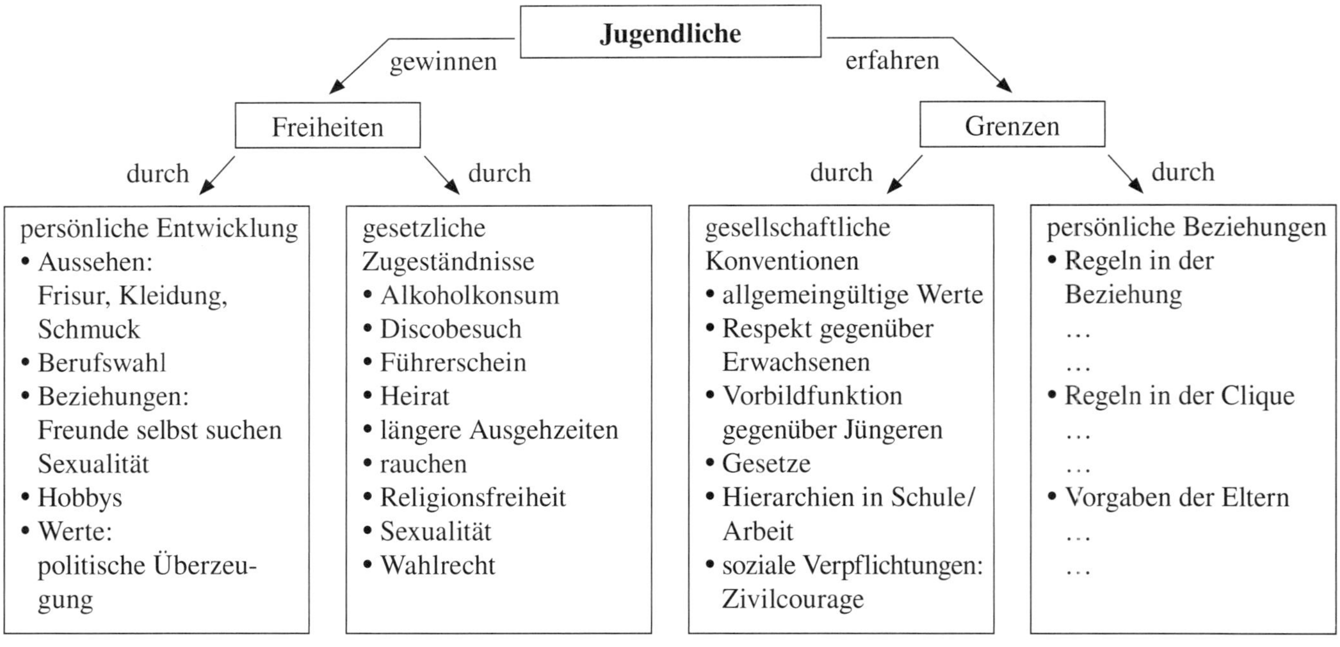

Gesprächs- und Schreibanlässe

Zeit des Umbruchs
Während der Pubertät reift der Körper des Heranwachsenden zur Geschlechtsreife heran. Hiermit sind Veränderungen im emotionalen und sozialen Bereich verbunden.

- Mit welchen typischen Schwierigkeiten Heranwachsender haben Glatze und Lola zu kämpfen?
- Welche Verhaltensweisen der Jugendlichen im Buch lassen sich deiner Meinung nach auf die Pubertät zurückführen?
- Welche anderen Probleme kennst du, mit denen Jugendliche in der Pubertät konfrontiert werden?

Ratte, Fischer und Glatze
In den ersten fünf Kapiteln hast du Glatzes Clique bereits näher kennengelernt.

- Welchen der Jungen findest du am sympathischsten, welchen am unsympathischsten? Begründe deine Meinung mithilfe geeigneter Textstellen aus dem Roman.
- Warum Christian Berger „Glatze" genannt wird, erfährt man im Roman. Stelle Vermutungen darüber an, wie Fischer und Ratte zu ihren Namen gekommen sind.
- Ratte sprüht immer das gleiche Motiv: Mister D. Glatze wiederholt immer wieder die Worte: *MEHR BETON!* Stelle Vermutungen über die Hintergründe an.
- Stell dir vor, du wärst der Lehrer oder die Lehrerin eines der Jungen: Wie würdest du ihn beschreiben?

Glatzes Krankengeschichte
Glatze leidet unter einer seltenen Erkrankung, *Alopecia areata universalis.*

- Im Internet gibt es Foren, die sich mit dieser Krankheit beschäftigen. Wie äußern sich die Betroffenen dazu? Wie schildern sie ihren Krankheitsverlauf? Recherchiere und trage die Ergebnisse in der Klasse vor.
- Gestalte Glatzes Krankengeschichte als persönliches Verlaufsprotokoll: Wie könnte es in Christian Berger ausgesehen haben, als seine Krankheit aufgetreten und immer weiter fortgeschritten ist? Was waren seine Gedanken, Gefühle, Ängste und Hoffnungen? Wie hat seine Umwelt auf seine Krankheit reagiert? Wie geht er mit diesen Reaktionen um? Beziehe dein Wissen aus der Lektüre Seite 35/36 mit ein. (Der Krankheitsverlauf kann auch in Form einer Tabelle erarbeitet werden. Dafür sollen sich die Schüler überlegen, welche Oberbegriffe senkrecht und waagerecht eingetragen werden müssen, um den chronologischen Verlauf der Krankheit zu dokumentieren.)

Kreativ aktiv

Den Sprayern auf der Spur
Die Schüler lesen die Beschreibung von Glatzes und Rattes Spraymotiven auf Seite 23 und setzen den dahinterstehenden Gedanken bildnerisch um. Glatzes Schriftzug könnte z. B. mithilfe von Fotos gestaltet werden, die die Schüler von geeigneten Motiven (Hochhäusern, Autobahnbrücken o. Ä.) in ihrer Umgebung machen.

Eventuell ist es möglich, einen Sprayer einzuladen bzw. auf Schüler zurückzugreifen, die diese Technik beherrschen, um gemeinsam mit der Klasse Graffiti zur Lektüre zu gestalten. Manche Gemeinden oder Städte bieten Sprayern freie Flächen, die sie für ihre Motive nutzen können.

Bester Film
Ausgehend von Lolas Überlegungen zum Film „Million Dollar Baby" von Zettel Nr. 9 und 10 präsentieren die Schüler selbst einen Film oder ein Buch (Roman, Lebensbeschreibung, Biografie) über einen Menschen, der sie besonders beeindruckt hat.

Mithilfe folgender Leitfragen erarbeiten sie eine Kurzzusammenfassung, eine Schautafel, eine Collage oder ein Poster und präsentieren das Ergebnis in der Klasse:

- Was hat dich an diesem Menschen beeindruckt?
- Welche Ziele hat er sich gesteckt?
- Wie hat er diese Ziele erreicht?
- Welche Eigenschaft(en) dieses Menschen hättest du selbst gern?
- Was hast du durch die Beschäftigung mit diesem Menschen für dein eigenes Leben gelernt?

Wahre Freunde?

Was ist dir in einer Freundschaft wichtig, was weniger wichtig? Kreuze entsprechend in der Tabelle an.

Wenn man befreundet ist, sollte man …	unwichtig	weniger wichtig	wichtig	sehr wichtig
… die gleichen Vorlieben und Interessen haben.				
… akzeptieren, dass sich der andere auch mit anderen Freunden trifft.				
… sich jederzeit vom anderen Geld leihen können.				
… einander in schwierigen Situationen beistehen.				
… über Sorgen und Probleme sprechen können.				
… nicht schlecht übereinander sprechen.				
… sich alles erzählen.				
… viel gemeinsam unternehmen.				
… denselben Humor haben.				
… im Notfall für den anderen lügen.				
… finden, dass der andere gut aussieht.				
… sich möglichst jeden Tag sehen.				
… nicht miteinander streiten.				
… stundenlang miteinander telefonieren können.				
… nicht beleidigt sein, wenn der andere mal schlechte Laune hat.				

Wertet den Fragebogen gemeinsam aus. Begründet eure Entscheidungen.

Was bedeutet Freundschaft für dich? Schreibe eine kurze Definition, die möglichst viele deiner wichtigsten Kriterien beinhaltet.

Würdest du Fischer, Ratte und Glatze nach deiner Definition als „wahre Freunde" bezeichnen? Begründe deine Meinung mithilfe geeigneter Textstellen.

Auf der Überholspur

Lies den Text und beantworte folgende Fragen:
- Welches Ergebnis ergaben Tests zum Risikoverhalten Jugendlicher?
- Wie wird dieses Ergebnis naturwissenschaftlich begründet?
- Welche Gegenmaßnahmen wurden zum Schutz der Jugendlichen ergriffen?

In Amerika testeten Psychologen das Risikoverhalten von Jugendlichen und kamen durch verschiedene Untersuchungen zu der Erkenntnis, dass Jugendliche immer dann besonders gefährlich leben, wenn sie sich eigentlich am wohlsten fühlen: dann, wenn sie unter Freunden sind. Bei einem der Tests, einem Videospiel, ging es darum, möglichst schnell das Ziel zu erreichen. Dabei konnten die Probanden an mehreren Ampeln entscheiden, ob sie bei Rot anhalten oder die Kreuzung überfahren und damit einen Unfall riskieren wollten. Kontrolliert wurde die Reaktion der Jugendlichen durch Aufnahmen mit einem Kernspintomografen. Es bestätigten sich folgende Annahmen: In Anwesenheit der Freunde und der Clique ist das emotionale Netzwerk bei Jugendlichen stärker aktiv, Handlungen und Taten werden nicht durchdacht, Reaktionen richten sich eher nach Gefühlen als nach dem Verstand.
Eine Ursache dafür ist, dass beide Nervensysteme, das kognitive wie auch das emotionale, während der Pubertät noch nicht ausgereift sind. Das emotionale Netzwerk ist im Beisein der Freunde überaktiv und kann noch nicht ausreichend von dem heranreifenden kognitiven System kontrolliert werden. Deshalb sind Entscheidungen von Jugendlichen oft irrational.
Daraus schlossen die Forscher, dass man zum Schutz der Jugendlichen den Einfluss der Freunde minimieren muss. In einigen Staaten der USA, in denen Jugendliche bereits mit 16 Jahren Auto fahren dürfen, gibt es beispielsweise ein Gesetz, das es Minderjährigen verbietet, abends mit Gleichaltrigen zu fahren.

Wie bewertet ihr den Vorschlag der amerikanischen Forscher, den Einfluss der Freunde zu minimieren? Sprecht darüber in der Gruppe.

Welche Risiken gehen manche Jugendliche ein? Haltet eure Ergebnisse in einer Mindmap fest.

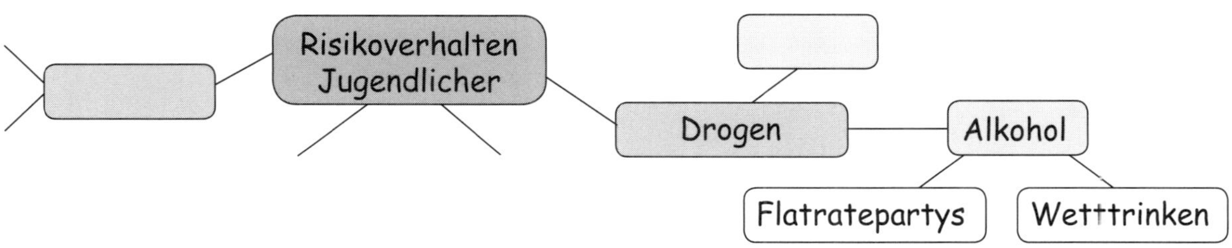

Welche Maßnahmen oder Projekte gibt es, die Jugendliche davon abhalten sollen, sich zu unüberlegten Handlungen hinreißen zu lassen?
Recherchiert dazu im Internet.
Wählt eine Aktion aus, die euch besonders überzeugt, und präsentiert sie in der Klasse.

Nützliche Links
www.time4teen.de
www.bist-du-staerker-als-alkohol.de
www.aktion-schutzengel.de

Pubertät ist, wenn …

Lies die folgenden Umschreibungen des Begriffs „Pubertät". Welcher Satz erscheint dir besonders treffend? Welche Sätze passen am ehesten zu Lolas bzw. Glatzes Gedanken? Markiere mit unterschiedlichen Farben.

In der Pubertät ist es Aufgabe eines jedes einzelnen Menschen, seinen eigenen Weg zu finden, seine individuelle Aufgabe, seine Individualität und seinen Platz in der Welt.

Rebelliert der Mensch in der Pubertät nicht, bleibt er in einem Leben aus Anpassung und Lustlosigkeit gefangen, gibt sich auf und flüchtet in Abstumpfung und Betäubung.

In der Pubertät werden Jugendliche von innen her umgestülpt. Fantasien, Aggressionen und Leidenschaften werden wach, die nicht unbedingt gesellschaftskonform sind. Jugendliche lernen Gutes wie Böses kennen, in der Außenwelt und in sich – und beides fasziniert sie gleichermaßen.

In der Pubertät wird Jugendlichen bewusst, dass die Welt nicht nur gut und schön ist, sie ist voller Bosheit, Hässlichkeit und Lüge. All das gibt es auch in ihnen – neben Träumen, geheimen Sehnsüchten und bisher unbekannten Leidenschaften. Sie spüren Scham, Enttäuschung und Einsamkeit.

In der Pubertät erleben Jugendliche eine Achterbahnfahrt der Gefühle. Himmelhoch jauchzend, zu Tode betrübt, schwärmerisch überfließend oder ganz in sich versunken erleben die Jugendlichen ihre inneren Stimmungen. Was sie fühlen, ist für sie Realität, und dieser Realität fühlen sie sich ausgeliefert.

Während der Pubertät brauchen Jugendliche ein Gegenüber. Sie müssen sich abgrenzen und über die Erwachsenen aufregen können. Sie wollen ihre eigenen Wege finden und diese müssen neu sein, einmalig, anders als das, was bisher da war und da ist.

Schreibe ein Gedicht zum Thema „Pubertät", in dem du deine persönliche Vorstellung zum Ausdruck bringst. Du kannst zwischen den folgenden Formen wählen.

Für das Abc-Gedicht werden die Buchstaben des Alphabets in einer Reihe untereinandergeschrieben. Zu jedem Buchstaben werden einzelne Begriffe oder Sätze ergänzt, die zu dem Thema passen.	**Das Rondell** besteht aus acht Zeilen. In jeder Zeile befindet sich ein Satz. Die zweite Zeile wird in der vierten und siebten Zeile jeweils wiederholt. Das Rondell hat auch eine Überschrift.
Das Akrostichon ist ein Gedicht, bei dem die Anfangsbuchstaben (-silben, -wörter) der einzelnen Verse oder Strophen aneinandergereiht ein Wort, einen Namen oder einen Satz ergeben.	**Das 25-Worte-Gedicht** besteht aus neun Zeilen. In der ersten Zeile wird mit einem Wort begonnen. Bis zur fünften Zeile kommt in jeder neuen Zeile ein Wort hinzu. Ab der sechsten Zeile verringert sich die Anzahl der Wörter jeweils wieder um ein Wort.

Popper oder Punk?

Was erfährt man in dem folgenden Zeitungsartikel über die Jugendkultur der 80er Jahre? Markiere entscheidende Textstellen und halte stichwortartig wichtige Punkte fest.

Punks stürmen Popkonzert

Erneute Straßenschlacht zwischen Poppern und Punks

Berlin – Am Samstagabend kam es während eines Konzerts vor einem Lokal in der Bahnhofstraße zu größeren Ausschreitungen: Gegen 22.00 Uhr versuchten etwa 20 Punks sich unerlaubt Zutritt zu der überwiegend von sogenannten Poppern besuchten Kneipe zu verschaffen. Es kam zu Handgreiflichkeiten zwischen beiden Gruppen, die erst durch das schnelle Eingreifen der Polizei unter Kontrolle gebracht werden konnten. Mehrere Personen wurden in polizeilichen Gewahrsam genommen. Zum Glück wurde niemand ernsthaft verletzt.

Es ist nicht das erste Mal, dass die verfeindeten Jugendgruppen ihre Streitigkeiten in der Öffentlichkeit ausgetragen haben. Allein in den letzten zwei Monaten musste die Polizei viermal eingreifen. Jedes Mal gab es erhebliche Sachschäden und zahlreiche Verletzte. Karl J., Kneipenbesitzer und Konzertveranstalter, ist genervt: „Ist mir doch egal, ob einer eine Tolle oder einen Irokesen hat – aber wenn die anfangen mir deswegen die Einrichtung kaputt zu machen, hört es mit meinem Verständnis auf."

Bei den beteiligten Jugendlichen ist wenig Reue zu spüren. „Diese Hastemanemark-Haltung der Punks ist uns zuwider. Das geht gar nicht", kommentiert ein 16-Jähriger mit brav gescheiteltem Haar. Seinem Lacoste-Hemd ist die Schlägerei nicht anzusehen. – „Uns geht es ums Feiern, möglichst teuer, möglichst schick. Und diese gammeligen Punks sind einfach uncool", erklärt eine junge Frau in Fiorucci-Karottenjeans und edlen Lederslippern. Im Hintergrund ist noch die Parole der Punks zu hören: „Haut die Popper platt wie'n Whopper!" Punk ist laut und antikommerziell.

Die Anwohner sind ratlos. „Früher gab's so was nicht", kommentiert ein älterer Herr. „Was ist nur mit der Jugend von heute los?"

Eine Erklärung liefert der Soziologe Friedrich Meier: „Ob Punker, ob Popper – es kommt ein Lebensgefühl zum Ausdruck, das letztlich Zusammengehörigkeit vermittelt. Die Jugend braucht Raum, um sich und die Ideen ihrer Generation auszudrücken, und dafür schafft sie sich Wege – neue, eigene Wege." Ob dafür immer gleich die Polizei anrücken muss, ist fraglich. In der Bahnhofsstraße ist erst einmal wieder Ruhe eingekehrt – bis zum nächsten Mal?

Welche Jugendgruppen gibt es heute? Recherchiere und präsentiere deine Ergebnisse in der Klasse.

Wie steht ihr zu den folgenden Aussagen? Diskutiert.

Jugendkultur ist heute nur noch Kommerz.

Die Jugendkultur hat nichts Neues mehr zu bieten.

Jugendkultur hat nichts mehr mit politischem Engagement zu tun.

Sprayer am Werk

Glatze wiederholt beim Sprayen immer wieder die Worte: *MEHR BETON!* Was möchte er damit wohl ausdrücken? Gestalte den Schriftzug nach. Greife Glatzes Grundstimmung und Gedanken auf.

Tag Rohform des Writings; eine einfache, persönliche Signatur, ein Namenszug oder die Unterschrift des Writers oder einer Crew, die an Wänden oder Zügen hinterlassen wird; meist mit Markern oder Spraydose angefertigt; Tags sind zumeist stark stilisiert und nur schwer lesbar. Wegen der Verfolgung durch die Polizei wechseln Writer öfter ihr Tag.

Piece Bezeichnung für ein Bild, hauptsächlich aber für den Schriftzug eines Writers in typischem Graffiti-Stil

Style individueller Stil des Sprayers; Ziel der Writer ist es, eine eigene Darstellungsform zu entwickeln, Buchstaben und Characters individuell und damit erkennbar zu gestalten.

Character figürliche, meistens comicähnliche oder stilisierte Darstellung von Menschen, Tieren, Monstern oder Fantasiewesen

Writer Sprayer, Maler von Graffiti-Pieces, früher auch als „Tagger" bezeichnet

Du brauchst:

- Papier (DIN A4 oder DIN A3)
- verschiedenfarbige Filzstifte oder Marker (für die Konturen)
- verschiedenfarbige Buntstifte (für die „Fill Ins")

So geht's:

1. Die Umrisse der Buchstaben oder anderer Bildelemente werden auf dem Untergrund skizziert. Dazu werden meist helle Farben verwendet, die übermalt bzw. übersprüht werden können. Diese Umrisse nennt man „First Outlines".
2. Die Flächen innerhalb der Buchstaben werden farbig ausgefüllt, bezeichnet wird dies als das „Fill In". Soll das Fill In kontrastreich sein oder einen gleichmäßigen Farbverlauf aufweisen („Fading"), wird mit mehreren, zum Teil ineinander übergehenden Farben gearbeitet.
3. Nachdem der Schriftzug festgelegt ist, wird der Hintergrund des Motivs farbig gestaltet, damit sich der Schriftzug oder Character deutlich abhebt.
4. Für einen dreidimensionalen Effekt der Buchstaben wird nun der „Block" oder Schatten gemalt oder gesprüht, am besten – im Kontrast zum Fill In – in einer anderen, dunkleren oder gedeckteren Farbe. Der „Block" ist der grafisch verstärkte Seiten-, Ober- oder Unterteil eines Buchstabens.
5. Zum Schluss werden die Buchstaben nochmals umrandet. Diese „Second Outlines" sind meistens zugleich die „Final Outlines". Durch sie sollen die Bildelemente und das gesamte Motiv noch deutlicher vom Hintergrund abgegrenzt und hervorgehoben werden.

Zeit der grenzenlosen Freiheit?

Setze dich mit der folgenden Fragestellung auseinander. Unterstreiche die Schlüsselbegriffe und erkläre sie.

„Welche Freiheiten gewinnt man als Jugendlicher, welche Grenzen bleiben bestehen?"

Wähle aus der folgenden Stoffsammlung geeignete Oberpunkte aus, indem du sie mit unterschiedlichen Farben unterstreichst. Ordne die Unterpunkte entsprechend zu.
Tipp: Manche Begriffe können mehrfach zugeordnet werden.

Alkoholkonsum
allgemeingültige Werte
Aussehen
Berufswahl
Beziehungen
Diskobesuch
Freunde selbst suchen
Frisur
Führerschein
gesellschaftliche Konventionen
Gesetze

gesetzliche Zugeständnisse
Heirat
Hierarchien in Schule/Arbeit
Hobbys
Kleidung
längere Ausgehzeiten
persönliche Beziehungen
persönliche Entwicklung
politische Überzeugung
rauchen
Regeln in der Beziehung

Regeln in der Clique
Religionsfreiheit
Respekt gegenüber Erwachsenen
Schmuck
Sexualität
soziale Verpflichtungen
Vorbildfunktion gegenüber Jüngeren
Vorgaben der Eltern
Wahlrecht
Werte
Zivilcourage

Erstelle eine grafische Übersicht über das Thema, in der alle Punkte berücksichtigt werden. Ergänze eigene Punkte, die dir wichtig erscheinen.

Findet euch in Kleingruppen zusammen. Entscheidet euch für einen der drei Arbeitsaufträge. Erarbeitet diesen auf der Grundlage eurer Themenübersicht. Tragt das Ergebnis in der Klasse vor.

Textarbeit
Wie setzen Glatze, Fischer und Ratte ihre Freiheit um? Wo überschreiten sie Grenzen? Wie bewertet ihr dieses Verhalten? Zieht Textbelege aus den ersten fünf Kapiteln heran.

Kurzvortrag
Haltet ein kurzes Referat über das Thema „Grenzen und Freiheiten Jugendlicher". Zieht neben eurer Themenübersicht das Jugendschutzgesetz heran.

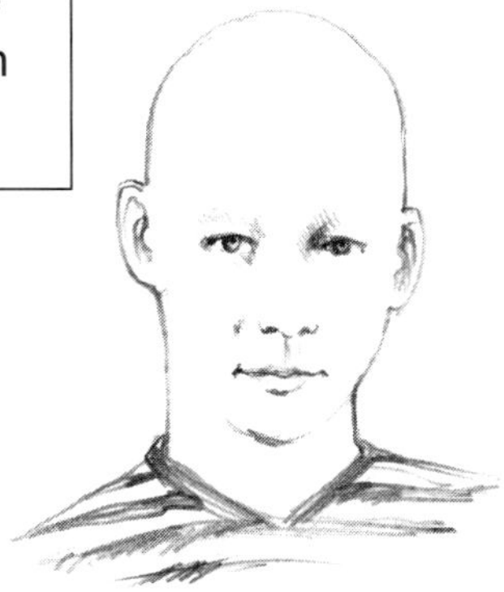

Diskussionsrunde
Bereitet euch auf eine Diskussionsrunde zum Thema „Grenzen und Freiheiten Jugendlicher" vor. Nehmt unterschiedliche Positionen ein. Wählt einen Talkmaster aus, der die Redebeiträge bestimmt und das Ergebnis anschließend zusammenfasst.

6. bis 8. Kapitel: Erste Annäherung

Inhalt

(6. Kapitel) Im Hof des Hochhauses, in dem Ratte wohnt, erproben Fischer, Ratte und Glatze ihre Kräfte: Mit einer Zigarette im Mund machen sie Kniebeugen und spannen einen Expander. Glatze, der als Letzter an der Reihe ist, gewinnt den Wettkampf, hat aber seine Kräfte überschätzt. Bevor er sich übergeben muss, sieht er noch, wie Lola ihn aus der Ferne beobachtet und weggeht.

(Lolas Zettel Nr. 17 – 19) Lola ärgert sich über Glatze und seine Freunde. Trotzdem entschuldigt sie auf dem folgenden Zettel das aggressive Verhalten vieler Jugendlicher damit, dass es den Erwachsenen nicht gelungen ist, ihnen eine „sinnvolle“ Welt zu hinterlassen.

(7. Kapitel) Glatze ist allein unterwegs. Kritisch betrachtet er seine Umgebung und hat zum ersten Mal „grüne Gedanken“: Statt der grauen Betonburgen stellt er sich bunte Häuser mit vielen blühenden Bäumen drum herum vor. Als er an der Haltestelle gerade in den Bus einsteigen will, kommt Lola angerannt. Spontan ergreift Glatze seine Chance: Er lässt den Bus davonfahren und wartet auf sie. Er versucht, möglichst cool zu wirken, Lola bekommt aber trotzdem mit, wie nervös er ist. Sie versucht, etwas über Glatze in Erfahrung zu bringen. Doch er denkt, dass sie nur aus Mitleid mit ihm redet, und bleibt reserviert. Als Lola ihn dann auch noch auf seine Krankheit anspricht, kommt es zu einem kurzen Streit, in dessen Verlauf Lola Glatze eine Ohrfeige gibt. Dann lässt sie ihn stehen. Glatze stellt sich ihr in den Weg. Als Lola ihm versichert, dass sie sich wirklich für ihn interessiert, wird Glatze mutiger und beginnt eine kurze Geschichte zu erzählen. Ironisch greift er seine Gedanken über eine „buntere“ Umwelt wieder auf. Er schlägt vor, alle Bäume durch Autos zu ersetzen, weil diese das ganze Jahr über farbig seien. Lola begreift Glatzes Art von Humor und beteiligt sich an seinen Spekulationen. Glatze gibt vor, eine Geschichte geschrieben zu haben, die sich Lola ja einmal durchlesen könne. Die Begegnung endet mit einer vagen Verabredung.

(Lolas Zettel Nr. 20 – 29) Auf den folgenden Zetteln geht es fast ausschließlich um Glatze. Unter anderem setzt sich Lola mit seiner Krankheit auseinander – ohne Berührungsängste und sehr fantasievoll. Sie informiert sich über die *Alopecia areata universalis* und kommt zu dem Ergebnis, dass es ihr nichts ausmacht, dass Glatze am ganzen Körper keine Haare hat. Die Zettelwand wird zur Privatsphäre erklärt: Lola vereinbart mit ihren Eltern, dass diese nicht mehr ungefragt ihr Zimmer betreten. Im Folgenden erfährt der Leser, wie sich die Beziehung zwischen Lola und Glatze weiterentwickelt: Die beiden gehen gemeinsam ins Kino und sehen sich „Bambi“ an. Beim anschließenden Pommesessen in einer Dönerbude erfindet Glatze eine Geschichte nach der anderen. Als er schließlich den übrigen Gästen seine ausgetretenen Turnschuhe anpreist, werden die beiden vor die Tür gesetzt. Doch Glatze hat erreicht, was er wollte: Lola ist von seinem Einfallsreichtum und seiner Fantasie begeistert und gibt ihm den ersten Kuss auf die Wange. Seine Kreativität stellt Glatze auch beim nächsten Treffen unter Beweis: Während eines Parkspaziergangs erfindet er eine Geschichte über ein buntes Haus auf einer geheimen Insel, in dem Lola und Glatze gemeinsam wohnen. Auch Lola beteiligt sich an der Geschichte, bis die beiden auf Fischer und Ratte treffen. Während sich Lola über deren anzügliche Bemerkungen aufregt, geht Glatze einfach darüber hinweg und zieht Lola mit sich fort. Trotzdem festigt sich die Beziehung zwischen den beiden: Glatze spricht im Anschluss zum ersten Mal aus, dass Lola und er ein Paar sind, und gibt ihr den ersten „richtigen“ Kuss.

(8. Kapitel) Lola besucht Glatze überraschend. In seinem Zimmer beginnt dieser auf Aufforderung hin wieder eine Geschichte zu erfinden. Lolas Zärtlichkeiten wehrt er jedoch ab, weil er nicht weiß, was sie von ihm erwartet. Ihre körperliche Nähe und die Tatsache, dass sie das erste Mal allein sind, überfordern ihn. Als Glatze Lola seine Muschelsammlung zeigt, fordert diese etwas mehr körperliche Nähe ein. Daraufhin unterstellt ihr Glatze Oberflächlichkeit und wirft ihr vor, dass sie sofort mit ihm schlafen wolle. Lola verlässt wütend die Wohnung. Glatze denkt, dass ihre Beziehung gescheitert ist.

Unterrichtsschwerpunkte

- Geschlechterrollen
- Selbstfindung
- Vorbilder

Zu den Kopiervorlagen

KV Seite 32

Rollenbilder

Mehrfach wird in der Lektüre die Frage nach geschlechtsspezifischem Verhalten und Rollenbildern gestellt. Während Lola emanzipiert ist, vertritt vor allem Fischer im 6. Kapitel die veralteten und Frauen verachtenden Rollenvorstellungen seines Vaters. Ausgehend von vorgegebenen Aussagen sollen die Schüler Gegenargumente aus Lolas Perspektive finden. Weisen Sie sie vorab auf die zur Erarbeitung von Lolas Position relevanten Textstellen hin: Zettel Nr. 9, 14, 17, 21, 27 und 28.

Anschließend gestalten die Schüler die vorgegebenen Zitate zu kurzen Spielszenen aus. Es bietet sich eine arbeitsteilige Erarbeitung in Kleingruppen von 4 bis 5 Schülern an. Damit eine produktive und fundierte Auseinandersetzung mit dem Thema „Emanzipation" von Männern und Frauen stattfindet, sollten Sie diesen Prozess begleiten. So reicht es nicht, die dominanten und sexistischen Ansichten Fischers abzuurteilen. Vor allem sollen die Schüler erkennen, dass Fischer seine Ansichten aus verschiedenen Quellen, wie z. B. Fernsehen, Musikvideos und Filmen, übernommen hat. Auch das Vorbild seiner Eltern hat ihn sicherlich geprägt. Diese Überlegungen sollten in die Diskussion zwischen Lola und Fischer einfließen.

Abschließend wird der Bogen zur Lebenswelt der Schüler geschlagen: Anhand vorgegebener Zitate lernen sie zwischen geschlechtsspezifischen Vorurteilen und begründbaren, neutral formulierten Aussagen zu unterscheiden. Gleichzeitig werden sie sich eigener Vorurteile bewusst und lernen diese zu hinterfragen.

Mögliche Lösung

Fischers Aussagen	Lolas mögliche Reaktionen
„Kapierst du nicht, wenn du einen Porsche hast, kannst du auch Frauen haben wie blöd. Was willst du mehr?" (Seite 22)	• „Nicht alle Frauen sind auf Statussymbole aus." • „Vielleicht reicht es, wenn man eine Frau findet, mit der man glücklich ist."
„Mein Vater kann jede Frau haben, die er will. Glaubst du, da interessiert ihn die Alte noch?" (Seite 42)	• „Männer werden mit dem Alter auch meistens nicht attraktiver." • „Vielleicht hat ja auch deine Mutter kein Interesse mehr an deinem Vater." • „Eine lange Ehe bedeutet nicht automatisch Desinteresse am Partner."
(...) und wenn Fischer abends zu spät nach Hause kommt, stellt sie ihm was zu essen hin. (...) Fischer findet das normal. „Ist schließlich ihr Job", sagt er. (Seite 42)	• „Es ist nicht normal, dass Frauen Männer bedienen." • „Du solltest dich vielleicht mal dafür bedanken, dass deine Mutter so viel für dich tut." • „Du denkst also, dass Kochen und Haushalt Frauensache sind?"

(+) Mann und Frau sollten die Hausarbeit gerecht untereinander aufteilen. – Mädchen und Jungen sollten von klein auf im Haushalt helfen. – Für Frauen und Männer ist es gleich wichtig, dass sie eine Berufsausbildung haben. – Männern fallen schwere körperliche Arbeiten häufig leichter als Frauen.

(+/–) Männer haben nach der Arbeit ein warmes Abendessen verdient.

(–) Frauen sind schlechtere Autofahrer als Männer. – Männer haben kein Talent für den Haushalt. – Für Frauen ist es vor allem wichtig, dass sie gut aussehen. – Männer können mit Kindern nicht so gut umgehen. – Erfolgreiche Männer sind für Frauen attraktiver.

KV Seite 33

Glatzes Krankheit

Auf der Grundlage der Lektüre (Seiten 35/36, 57 und 61) setzen sich die Schüler damit auseinander, welche Haltung Lola und Glatze zu Glatzes Krankheit einnehmen. Weiterführend informieren sie sich über den kreisrunden Haarausfall und seinen Verlauf. Die Rechercheergebnisse werden in Kurzreferaten vorgestellt. Anschließend können diese Ergebnisse auf die Lektüre bezogen werden: Welche Ursachen hat Glatzes Krankheit wohl gehabt? Besteht die Möglichkeit, dass sein Haar wieder nachwächst?

Mögliche Lösung

Lola: „Stört es dich nicht, wenn alle Glatze zu dir sagen?"
Glatze: „Anfangs schon, alle haben mich angestarrt." – „Es stimmt doch, was sie sagen. Ich bin total haarlos." – „Es macht mich auch zu etwas Besonderem."
Lola: „Wie haben deine Eltern eigentlich auf deine Krankheit reagiert?"
Glatze: „Mein Vater hat sich total engagiert, aber ich weiß nicht, ob es ihm wirklich um mich ging." – „Meine Eltern haben sogar mal aufgehört sich zu streiten und sich um mich gekümmert." – „Sie wollten immer wieder mit mir über meine Krankheit reden, aber es ist mein Problem."

Nr.	Aussage	++	+	o	–	––
1	Christian Berger hat sich mit seiner Krankheit abgefunden.		X			
2	Er wäre erleichtert, wenn die Haare wieder wachsen würden.		X			
3	Er hat sich umfassend über die Krankheit informiert.	X				
4	Er spielt mit dem Image eines „Glatzenträgers"/Neonazis.		X			

Nr.	Aussage	++	+	o	–	––
5	Er hat sich von seinen Eltern verstanden gefühlt.					X
6	Er hat wegen seines Aussehens keine Selbstzweifel.				X	
7	Durch die Krankheit hat er einen besonderen Status.	X				
8	Die Krankheit hat seine Eltern wieder zueinandergebracht.				X	
9	Lola würde Glatze lieber mit seinem Namen Christian anreden.		X			
10	Lola findet Christians Glatze nicht abstoßend.		X			

KV Seite 34

Worüber man nicht spricht

Anhand der vorliegenden Kopiervorlage werden zwei Situationen aus der Lektüre aufgegriffen, in denen Glatze einer Konfrontation aus dem Weg geht: Die Schüler setzen sich mit den Gründen für sein Verhalten auseinander und erproben so in einem „geschützten Raum" Verhaltensweisen, die auch in ihrer eigenen Lebenswelt Anwendung finden können.

Die erste Szene, auf die Bezug genommen wird, ist die auf Seite 66 beschriebene Begegnung mit Fischer und Ratte, die das Paar mit sexuellen Anspielungen konfrontieren. Anhand der ersten Aufgabe sollen sich die Schüler mögliche Gründe für Glatzes gemäßigte Reaktion überlegen. Zusätzlich sollten sie sich noch einmal vergegenwärtigen, welche Bedeutung Lola für Glatze hat, wie er über sie denkt und was er für sie empfindet. Auch Glatzes Ablehnung gegenüber Fischers dominanten und sexistischen Aussagen sollte mit in den Dialog einfließen. Folgende Textstellen können nachgelesen werden, um sich die Gedankenwelt Glatzes zu vergegenwärtigen:

- „Na und", sagt Glatze. „Ist doch egal. Wir ticken alle nicht mehr richtig." Er dreht sich um und geht. Er ist wütend auf sich selbst. Weil er das Maul nicht aufkriegt. Weil er immer geht, wenn er nicht weiterweiß. (Seite 25)
- Und dann, auf einmal, ohne dass ihm richtig klar ist, was er da macht, sprüht er einen Namen: *LOLA*. Und weiter zum nächsten Pfeiler: *UND*. Buchstabe auf Buchstabe wie in Trance. (...) *LOLA UND GLATZE*, Ausrufezeichen! (Seite 30)
- Aber eigentlich hängen sie nur deshalb jeden Tag zusammen rum, weil keiner von ihnen weiß, was er sonst machen soll. (Seite 37)
- Aber auf was für einen steht Lola? Auf einen mit Glatze und ausgelatschten Turnschuhen? Wohl kaum. Oder vielleicht doch. (Seite 38)
- „Baby-Arschlöcher", sagt Fischer und zündet sich eine neue Zigarette an. „Irgendwann hast du selber welche", stellt Glatze trocken fest. (...) „Keiner will werden, wie sein Alter", sagt Glatze. (Seite 43/44)

Auch der dritte Arbeitsauftrag greift ein heikles Thema auf: Glatze weiß nicht, wie er sich verhalten soll, als er das erste Mal mit Lola allein ist. Anstatt diese Unsicherheit anzusprechen, weicht er Lola aus und macht ihr Vorwürfe. Die Schüler überlegen sich, wie Glatze seine Gedanken formulieren könnte, um die Situation zu klären. Weiterführend kann überlegt werden, wie Lola wohl auf diese Erklärungen reagieren wird. Für beide Situationen bietet sich eine szenische Umsetzung an.

Mögliche Lösung

Mögliche Gründe für Glatzes Verhalten: Glatzes Konfliktlösungsverhalten: Glatze weicht grundsätzlich Konflikten aus; geschlechtsspezifisches Verhalten: Sexuelle Anspielungen sind in manchen Jungencliquen bis zu einem bestimmten Grad „normal"; grundsätzlicher Konflikt: Soll sich Glatze mit den alten Freunden oder der Freundin solidarisch zeigen?

Glatze: „Ich fand das gestern echt nicht in Ordnung, wie ihr euch gegenüber Lola verhalten habt."
Fischer: „Wieso? War doch nichts. Ist doch klar, dass ihr's jetzt miteinander treibt, wenn ihr zusammen seid."
Glatze: „Mit Lola ist das nicht so. Ich mag sie einfach total gerne und sie ist wichtig für mich. Und deshalb möchte ich nicht, dass ihr so über sie redet."
Fischer: „Ich versteh zwar nicht, wo schon wieder dein Problem ist. Aber klar, Alter. Keine blöden Sprüche mehr über Lola. Hab's verstanden."

① „Irgendwie weiß ich jetzt gar nicht, wie ich dich begrüßen soll, ob ich dir einfach zur Begrüßung einen Kuss geben soll."
② „Es ist ganz anders für mich, wenn du bei mir zu Hause bist, wenn wir zwei alleine sind. Geht es dir genauso?"
③ „Es verunsichert mich, wenn du mir so nahekommst, Lola. Eigentlich finde ich es total schön, aber ich bin das noch nicht gewohnt."
④ „Ich würde dich jetzt gerne küssen. Aber ich weiß nicht, was du von mir erwartest, wie weit du gehen willst. Das macht mir Angst."
⑤ „Ich fühl mich gerade wie der letzte Idiot: Da sitzt die Frau vor mir, die ich liebe, und ich hab totalen Schiss

davor, dass sie mit mir schlafen will. Mir geht das irgendwie zu schnell. Ich würde dich lieber noch etwas besser kennenlernen. Ist das okay für dich?"

KV Seite 35

Eltern und Kinder

Das Zusammenleben mit einem Teenager ist für Erwachsene oft schwierig. Plötzliche Stimmungswechsel sind an der Tagesordnung, Verbote werden überschritten, Regeln nicht mehr eingehalten. Als Einstieg in die Thematik bietet sich ein kurzes Zitat an, das die Sicht der Erwachsenen wiedergibt: „Pubertierende sind ungefähr so einfach zu verstehen wie die Gebrauchsanweisung eines Dampfdruckkessels in japanischen Schriftzeichen." Die Schüler sind aufgefordert, Stellung zu beziehen und ihre eigene Position zu vertreten.

Anschließend wird das Phänomen anhand eines kurzen Sachtextes aufgearbeitet. Die zweite Aufgabe leitet zur Lektüre über. Die Schüler suchen im Gesamttext Beispiele für das Miteinander von Lola bzw. Glatze und deren Eltern und hinterfragen das Problemlöseverhalten in den beiden Familien. Abschließend übertragen sie in kurzen Rollenspielen die erworbene Kompetenz auf eine vorgegebene Konfliktsituation. Dabei empfiehlt sich folgende Vorgehensweise:

1. Die Schüler versetzen sich jeweils in eine der beiden Rollen (Jugendlicher oder Elternteil).
2. Auf Zetteln notieren sie unabhängig voneinander Antworten zu vorgegebenen Fragestellungen:
   - Was ist dein persönlicher Standpunkt? Was ist dein hauptsächliches Problem? Was ärgert dich am meisten?
   - Was möchtest du dein Gegenüber fragen, damit du das Problem besser verstehen kannst?
   - Welche Lösungen fallen dir ein? Schreibe diese mit kurzen Erklärungen auf.
3. Die Schüler tauschen ihre Zettel aus. Jeder wählt die Vorschläge des anderen aus, die ihm geeignet erscheinen.
4. Die Schüler einigen sich auf der Grundlage der verbliebenen Vorschläge auf eine gemeinsame Lösung.
5. Die Ergebnisse der Partnerarbeiten werden in der Klasse verglichen.
6. Abschließend spielen einzelne Paare ihre Szene vor.

Mögliche Lösung

- Rebellion der Kinder gegen die Eltern, Abgrenzen gegen die Werte der Erwachsenen, Distanz zu den Eltern, stärkere Orientierung am Freundeskreis
- Verhalten ist Teil des Ablösungs- und Selbstfindungsprozesses in der Pubertät und notwendig, um zu selbstbestimmten Menschen heranzureifen

Lola:

Reibungspunkt	Textstelle	Umgang mit der Situation
Verzicht auf eigene Wünsche	Zettel Nr. 5 und 8	Lola akzeptiert die Entscheidung ihres Vaters, kommt aber zu dem Schluss, dass sie trotz der drohenden Entlassung in den Urlaub gefahren wäre.
unterschiedlicher Kleidergeschmack, Kleidung mitgebracht bekommen	Zettel Nr. 7	Erst ärgert sich Lola. Da ihr der Pullover gefällt, zieht sie ihn aber an.
Ordnung Privatsphäre	Zettel Nr. 25	Lola macht ihr Zimmer jeden Tag sauber, wenn ihre Eltern im Gegenzug nicht mehr ungefragt ihr Zimmer betreten.
Stimmungsschwankungen	Zettel Nr. 62	Lola setzt sich mit ihrem Vater auseinander und erkennt dann, dass er es gut mit ihr meint.
Aussehen	Zettel Nr. 67	Lolas Eltern akzeptieren ihr neues Aussehen.

Glatze:

Reibungspunkt	Textstelle	Umgang mit der Situation
fehlendes Miteinander von Vater und Mutter, Alkoholkonsum des Vaters, fehlendes Interesse an Glatzes Problemen	5. Kapitel	Glatze zieht sich zurück und redet nicht mehr mit seinen Eltern.
Rauchen der Mutter trotz Krankheit, Erkenntnis, dass die Mutter ein Problem hat	10. Kapitel	Glatze spricht die Mutter nicht auf ihr Problem an. Er verlässt den Raum.

Lolas Beziehung zu ihren Eltern ist als „gesund" zu bezeichnen. Sie stellt deren Meinung infrage, kann sie aber auch akzeptieren, wenn sie sie für gut befindet. Auch Lolas Eltern erkennen sie als eigenständige Person an und setzen sich mit ihr auseinander. In Glatzes Familie gehen sich die Beteiligten aus dem Weg. Eine Auseinandersetzung oder Aussprache findet nicht statt.

Sollten die Schüler keine Lösungsstrategien finden, können folgende Anregungen für das Rollenspiel vorgegeben werden:

- Eltern und Kinder sollten zum Vertrauensaufbau versuchen, wertvolle Zeit miteinander zu verbringen, z. B. gemeinsam etwas Schönes zu unternehmen.
- Eltern sollten nicht nur maßregeln und belehren, sondern sich mit ihren Kindern austauschen und wirklich Interesse an ihnen zeigen.
- Eltern sollten auch von sich erzählen, z. B. welche Schwierigkeiten und Probleme sie selbst in der Pubertät hatten.
- Feste Regeln sollten in gemeinsame Absprachen umgewandelt werden.
- Geduld, Liebe und Offenheit von beiden Seiten sind wichtig.
- Eltern sollten dem heranwachsenden Kind Stück für Stück mehr Freiräume zugestehen.
- Familienregeln in Bereichen wie „Einnehmen der Mahlzeiten", „Zuständigkeiten im Haushalt" und „Respekt vor der Privatsphäre des anderen" sollten gemeinsam getroffen werden.
- Konflikte sollten ausgetragen werden. Bei Streitigkeiten sollte ein fairer Umgangston herrschen.

KV Seite 36

Wer bin ich?

Selbstfindung ist ein zentrales Thema der Lektüre. Sowohl Lola als auch Glatze stellen sich immer wieder Fragen nach der eigenen Identität und nach dem Sinn ihres Lebens. Eine gesunde Selbsteinschätzung, Ziele und Vorbilder können Menschen helfen, ausgeglichen, zufrieden und stolz auf sich zu sein. Indem die Schüler die Fragen auf der Kopiervorlage beantworten, setzen sie sich mit sich selbst auseinander. Mit einigen Fragen werden die Schüler möglicherweise zum ersten Mal konfrontiert. Wichtig ist es, ihnen den Druck zu nehmen, dass es bei den Aufgaben eine „richtige" Lösung geben muss. Jede Antwort entspricht der individuellen Erfahrung und Entwicklung des einzelnen Schülers. Selbstverständlich sollte jeder Schüler das Recht haben, seine Ergebnisse zurückzuhalten.

Dem Erstellen der persönlichen Wunschliste für die Zukunft kann ein gemeinsames Brainstorming vorausgehen. Die Schüler machen sich Gedanken zu folgenden Fragen: Wie nehme ich mich wahr? Was nehme ich mir vor? Wie setze ich mir Ziele? Wie kann ich meine Ziele erreichen? Was muss ich dafür tun? Führen Sie gegebenenfalls Beispiele aus Ihrer eigenen Erfahrung an, um den Prozess der Selbstwahrnehmung und Persönlichkeitsentwicklung zu verdeutlichen. Für das Gespräch kann es z. B. hilfreich sein, zu erklären, was es bedeutet, stolz auf sich sein zu können. Das können materielle Erfolge, sollten aber auf jeden Fall auch ideelle Erfolge sein, z. B. in Beziehungen, in der Verwirklichung persönlicher Ideen und Wünsche und bezüglich des persönlichen Lernprozesses.

KV Seite 37

Fünf Freiheiten

Virginia Satir (1916 – 1988), eine amerikanische Familientherapeutin, hat sich viele Jahre mit der Kommunikation in Familien und der Entwicklung des Selbstwertgefühls des Menschen beschäftigt. Ihr Text „Fünf Freiheiten" bringt zum Ausdruck, wie wir unsere Ressourcen nutzen und wie wir wählen können, was in unserem Leben bedeutsam ist. Der Einstieg kann über die Frage erfolgen, was die Schüler unter „Freiheit" verstehen bzw. wodurch diese Freiheit eingeschränkt werden kann. Dabei wird sicherlich die Einschränkung durch Regeln und Verbote zur Sprache kommen. Der Text lenkt den Blick auf die innere Freiheit, die häufig durch Ängste und falsche Verhaltensmuster eingeschränkt wird. Anhand vorgegebener Begriffe setzen sich die Schüler intensiver mit den unterschiedlichen Dimensionen der verschiedenen Freiheiten auseinander.

Im anschließenden Gespräch sollen die abstrakten Begriffe mit konkreten Beispielen gefüllt werden. Gegebenenfalls kann der Erfahrungsaustausch zunächst auch in Kleingruppen erfolgen. Voraussetzung für diese Diskussion ist ein vertrauensvolles Verhältnis der Schüler untereinander.

Weiterführend können die Ergebnisse auch auf die Lektüre bezogen werden: Welche der fünf Freiheiten besitzen die Figuren Lola und Glatze, welche fehlen ihnen noch? An welchen Stellen macht sich dies bemerkbar? Was könnten sie unternehmen, um in diesen Punkten noch freier zu werden?

Mögliche Lösung

Begriffe, die sich der „ersten Freiheit" zuordnen lassen: Versagensangst, schlechte Erfahrungen, Zukunftspläne; Begriffe, die sich der „zweiten Freiheit" zuordnen lassen: die Meinung der anderen, fehlendes Selbstbewusstsein, Angst vor Kritik; Begriffe, die sich der „dritten Freiheit" zuordnen lassen: fehlendes Selbstbewusstsein, Angst vor Kritik; Begriffe, die sich der „vierten Freiheit" zuordnen lassen: Bequemlichkeit, fehlendes Selbstbewusstsein, Angst vor Kritik; Begriffe, die sich der „fünften Freiheit“ zuordnen lassen: Bequemlichkeit, alte Gewohnheiten, Versagensangst, fehlendes Selbstbewusstsein (Der Einfluss von Eltern, Lehrern und Freunden kann bei allen Punkten eine Rolle spielen, jedoch sollte der Blick von den anderen weg auf das eigene „Innenleben“ gelenkt werden.)

KV Seite 38

Vorbildlich!
Diese Kopiervorlage fordert eine sachliche Auseinandersetzung mit dem Thema „Vorbilder“ und schult die sprachlichen und argumentativen Fähigkeiten der Schüler. Der Einstieg erfolgt über die Frage nach Personen, die sich die Schüler zum Vorbild nehmen. Die Auswertung der Ergebnisse kann in einem einfachen Unterrichtsgespräch erfolgen oder statistisch aufgearbeitet werden. Anschließend formulieren die Schüler zu vorgegebenen Thesen Argumente und Erläuterungen und belegen diese durch entsprechendes Material. Die nötige Vorarbeit, z. B. die Recherche von Zahlenmaterial oder Zitaten, lässt sich eventuell als Hausaufgabe erledigen. Die verschiedenen Aspekte können von den Schülern frei gewählt oder von der Lehrkraft zugeteilt werden, sodass am Ende eine ausformulierte Gegenüberstellung von Pro- und Kontra-Argumenten zum Thema „Vorbilder“ entsteht. Diese kann in eine mündliche Diskussion oder eine schriftliche Erörterung münden.

Gesprächs- und Schreibanlässe

Kräftemessen

- Fischer, Ratte und Glatze vergleichen ihre „Manneskraft“. Wie schneidet Fischer bei diesem Wettkampf ab? Wie geht er mit seinem schlechten Ergebnis gegenüber den anderen beiden um?
- Welche anderen Rituale kennt ihr, mit denen Jugendliche ihre Kräfte messen?
- Welche Zukunftsvorstellungen haben Fischer und Ratte? Wodurch sind diese Vorstellungen oder Ziele beeinflusst?

Lola und Glatze

- Wieso ist Lola bei der Begegnung an der Bushaltestelle selbstbewusster als Glatze?
- Wie findest du es, dass Lola Glatze ohrfeigt? Hat sie in dieser Situation überreagiert? Wie hätte Glatze noch auf diese Ohrfeige reagieren können?
- Welche unterschiedlichen Erwartungen und Vorbehalte haben Lola und Glatze, als sie ihn zum ersten Mal zu Hause besucht?

Perspektivwechsel
Beschreibe den ersten Kinobesuch von Lola und Glatze aus Glatzes Perspektive. Schreibe in der Ich-Form. Berücksichtige folgende Fragen: Was hat Glatze vermutlich gedacht, als Lola den Film „Bambi“ ausgewählt hat? Wie fühlt er sich bei der ersten Verabredung? Welche Gedanken gehen ihm wohl durch den Kopf, als er im Kino neben Lola sitzt? Warum fängt er an, Geschichten zu erzählen und die „Show“ mit den Schuhen zu veranstalten?

Kreativ aktiv

Männersache, Frauensache
Die Schüler sammeln Werbeprospekte, Zeitungen und Zeitschriften, die sich bewusst an die Zielgruppe „Männer“ bzw. „Frauen“ richten. Sie untersuchen den Aufbau und halten besonders häufig vertretene Themenbereiche fest. Abschließend gestalten sie „Hitlisten“ und vergleichen diese: Wo finden sich Gemeinsamkeiten? Welche Themen sind eindeutig geschlechtsspezifisch?

Alternativ oder weiterführend können die Schüler eine Collage zum Thema gestalten. Dazu bietet es sich an, verschiedene Fachzeitschriften für Motorsport oder Frauenzeitschriften als Material auszuwerten und mit anderem Bildmaterial sowie eigenen Zeichnungen zu kombinieren. Als problematisch einzustufen sind in diesem Zusammenhang Zeitschriften, die die Thematik „Sexualität“ überbetonen.

Rollenbilder

Lies nach, wie Fischer Mädchen und Frauen gegenüber eingestellt ist. Wie würde Lola wohl auf seine Aussagen reagieren? Schreibe in die Tabelle.

Fischers Aussagen	Lolas mögliche Reaktionen
„Kapierst du nicht, wenn du einen Porsche hast, kannst du auch Frauen haben wie blöd. Was willst du mehr?“ (Seite 22)	
„Mein Vater kann jede Frau haben, die er will. Glaubst du, da interessiert ihn die Alte noch?“ (Seite 42)	
(…) und wenn Fischer abends zu spät nach Hause kommt, stellt sie ihm was zu essen hin. (…) Fischer findet das normal. „Ist schließlich ihr Job“, sagt er. (Seite 42)	

Gestaltet eine der oben aufgeführten Aussagen zu einer kurzen Spielszene aus, in der sich eine Diskussion zwischen Fischer und Lola entwickelt.

Welchen der folgenden Aussagen würdest du zustimmen (+), welchen nicht (–). Schreibe das entsprechende Zeichen in die Kreise. Tauscht euch anschließend darüber in der Klasse aus.

- ○ Für Frauen ist es vor allem wichtig, dass sie gut aussehen.
- ○ Männern fallen schwere körperliche Arbeiten häufig leichter als Frauen.
- ○ Für Frauen und Männer ist es gleich wichtig, dass sie eine Berufsausbildung haben.
- ○ Frauen sind schlechtere Autofahrer als Männer.
- ○ Männer haben kein Talent für den Haushalt.
- ○ Mann und Frau sollten die Hausarbeit gerecht untereinander aufteilen.
- ○ Männer können mit Kindern nicht so gut umgehen.
- ○ Erfolgreiche Männer sind für Frauen attraktiver.
- ○ Männer haben nach der Arbeit ein warmes Abendessen verdient.
- ○ Mädchen und Jungen sollten von klein auf im Haushalt helfen.

Glatzes Krankheit

Auf den Seiten 35/36 und den Zetteln Nr. 20 und 23 erfährt man, welche Einstellungen und Gefühle Lola und Glatze bezüglich der Krankheit haben. Lies nach und notiere stichpunktartig.

Was könnte Glatze auf Lolas Fragen antworten? Schreibe in die Sprechblasen.

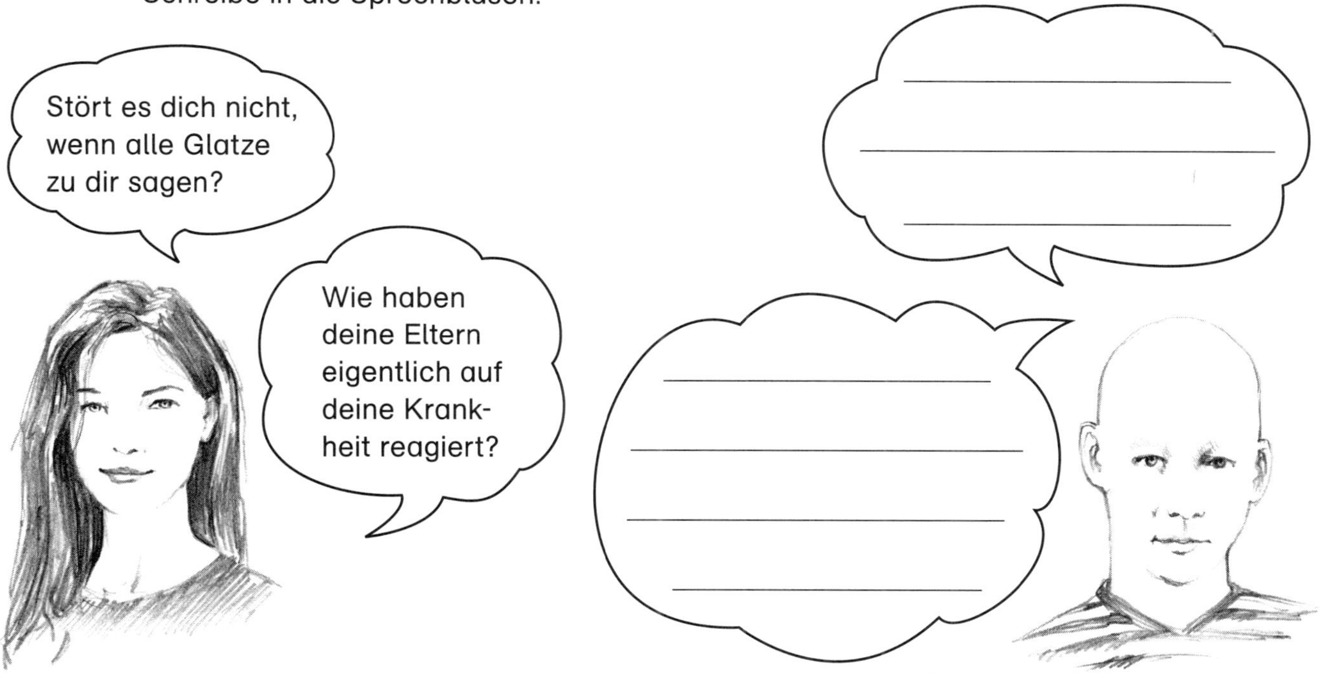

Stimmst du den folgenden Aussagen über Glatzes Krankheit zu? Kreuze entsprechend in der Tabelle an: ++ = absolute Zustimmung, + = Zustimmung, o = Unentschieden, – = geringe Zustimmung, –– = keine Zustimmung.

Nr.	Aussagen	++	+	o	–	––
1	Christian Berger hat sich mit seiner Krankheit abgefunden.					
2	Er wäre erleichtert, wenn die Haare wieder wachsen würden.					
3	Er hat sich umfassend über die Krankheit informiert.					
4	Er spielt mit dem Image eines „Glatzenträgers"/Neonazis.					
5	Er hat sich von seinen Eltern verstanden gefühlt.					
6	Er hat wegen seines Aussehens keine Selbstzweifel.					
7	Durch die Krankheit hat er einen besonderen Status.					
8	Die Krankheit hat seine Eltern wieder zueinandergebracht.					
9	Lola würde Glatze lieber mit seinem Namen Christian anreden.					
10	Lola findet Christians Glatze nicht abstoßend.					

Informiere dich über die Krankheit *Alopecia areata universalis,* ihr Auftreten und ihren Verlauf. Trage die Ergebnisse in der Klasse vor.

Worüber man nicht spricht

Lola wundert sich, dass Glatze nicht reagiert, als Fischer und Ratte sie mit sexuellen Anspielungen konfrontieren. Warum verhält er sich wohl so?

Stell dir vor, Glatze würde Ratte oder Fischer später zur Rede stellen. Wie könnte sich das Gespräch zwischen ihnen entwickeln? Schreibe den Dialog in dein Heft.

Als Lola Glatze das erste Mal zu Hause besucht, traut er sich nicht, seine Bedenken auszusprechen. Wie könnte er Lola erklären, was in ihm vorgeht, ohne das Gesicht zu verlieren? Wähle zwei Situationen aus und schreibe auf, was Glatze sagen könnte.

① Sie stehen ziemlich dicht voreinander. Glatze hat immer noch die Fernbedienung in der Hand, für einen Moment überlegt er, ob er Lola einfach einen Kuss geben soll, aber er weiß nicht … (Seite 69)

② Es ist komisch. Irgendwie anders als im Kino oder beim Pommesessen. Klar, er war ja noch nie alleine mit Lola. (…) Und jetzt ist sie plötzlich bei ihm in der Wohnung. Und seine Eltern sind nicht da und … und er hat schon wieder feuchte Hände. (Seite 69)

③ Lola hockt sich neben ihn, viel zu dicht, Glatze rückt ein Stück zur Seite, weiß nicht, was er sonst soll, zieht die Fernbedienung aus der Hosentasche und zappt im Zimmer rum. (Seite 70)

④ Verdammt, denkt er, wenn ich nur wüsste, was sie von mir erwartet. Soll ich sie vielleicht doch einfach küssen? Und dann? Ist sie *deshalb* gekommen? (Seite 73)

⑤ Sie macht eine Bewegung, als wollte sie ihn zu sich ziehen, aber Glatze lässt sich wieder zur Seite rollen. Er sieht Lolas Gesicht und weiß, dass er sich wahrscheinlich benimmt wie der letzte Idiot. (Seite 74)

Eltern und Kinder

Arbeite aus dem folgenden Text heraus, was sich in der Pubertät am Miteinander von Eltern und Kindern verändert. Wie wird dieses Verhalten in dem Text bewertet? Halte deine Ergebnisse stichwortartig fest.

Jugendliche müssen sich in der Pubertät von ihren Eltern lösen. Dieser Ablösungsprozess kann mitunter heftig sein. Es ist die Regel, dass Kinder gegen ihre Eltern rebellieren, sie infrage stellen oder ihre Unzulänglichkeiten entlarven. Sie sind oft demonstrativ aufsässig, kritisieren die Normen und Werte der Erwachsenen und wollen zeigen, dass sie anders sind. Dieses Verhalten ist völlig normal. Es ist wichtig für die Entwicklung zu einem selbstständigen und selbstbewussten erwachsenen Menschen, der weiß, welche Werte und Ziele er in seinem Leben verfolgt.
In der Regel gehen die Jugendlichen immer mehr auf Distanz zu den Eltern. Sie wollen ihre Geheimnisse haben und gehen mit ihren Problemen meistens nicht mehr zu Mutter und Vater. Sie orientieren sich stattdessen stärker nach außen und suchen sich einen Freundeskreis. Mutter und Vater sind vordergründig nicht mehr so wichtig. Auch die Suche nach einem Sinn im Leben ist für die Heranwachsenden von großer Bedeutung.

Auch Lola und Glatze setzen sich mit ihren Eltern auseinander. Suche Textstellen, in denen Reibungspunkte angesprochen werden. Wie werden die Konflikte geregelt oder gelöst? Übertrage die Tabelle in dein Heft und ergänze sie.

Reibungspunkt	Textstelle	Umgang mit der Situation
Ratschläge von Eltern	Zettel Nr. 1/2	Lola greift den Vorschlag ihres Vaters auf und verändert ihn (Zettelwand statt Tagebuch).

Bewertet das Problemlösungsverhalten von Lola und Glatze: Welche Reaktionen erscheinen euch sinnvoll, welche weniger? Bezieht Beispiele aus eurer eigenen Erfahrung mit ein.

Rollenspiel: 1.

Unten findest du die Klage eines verzweifelten Elternteils. Erarbeitet zu zweit eine kurze Szene, in der der Konflikt gelöst wird.

Seit einiger Zeit bekommen wir einfach keinen Zugang mehr zu Tina. Sie zieht sich immer mehr zurück und hat uns schon ein paarmal angelogen. Ich bin verzweifelt. Ich komme nicht mehr an sie heran. Sie hält sich nicht mehr an Vereinbarungen, taucht abends ein bis zwei Stunden später auf, als wir verabredet haben. Ich bin dann schon in Panik, versuche mehrfach, sie über das Handy zu erreichen, aber sie hat es immer ausgeschaltet. Irgendwann kommt sie nach Hause und tut so, als wäre nichts gewesen. Es gibt kaum noch normale Gespräche zwischen uns, immer nur Streitereien. Zum Essen kommt Tina zwar noch, ansonsten verschwindet sie in ihrem unaufgeräumten Zimmer. Und wenn wir es mal wagen, sie in ihrem Chaos zu stören, verbietet sie uns den Eintritt. Ich weiß nicht mehr weiter.

Wer bin ich?

Um mit seinen eigenen Gefühlen und Gedanken klarzukommen, muss man sich selbst gut kennen. Dazu gehört auch, zu wissen, wo die eigenen Fähigkeiten liegen, was man sich wünscht und was einem gefällt. Man sollte aber auch die eigenen Grenzen kennen, damit man möglichst problemlos mit verschiedenen Herausforderungen zurechtkommt.

Wie nimmst du dich selbst wahr? Beantworte die folgenden Fragen.

Was macht mich aus, welche Charakterzüge habe ich?

____

____

Was weckt in mir negative Gefühle? (Trauer, Hass, Wut …)

____

____

Was kann ich besonders gut?

____

____

?

Wie reagiere ich auf das Verhalten anderer?

____

____

Wann fühle ich mich von anderen eingeschränkt?

____

____

Worauf können sich andere bei mir verlassen?

____

____

Was ist dir für die Zukunft wichtig? Ergänze den 10. Wunsch. Bringe dann die Wünsche in eine Rangfolge: Notiere deinen wichtigsten Wunsch zuerst, dann den zweitwichtigsten und so weiter. Überarbeite gegebenenfalls die Formulierungen.

- gut aussehen
- viel Geld verdienen
- das Leben genießen
- intelligent sein
- ein guter Mensch sein
- erfolgreich im Beruf sein
- gesund sein
- Glück in der Liebe haben
- beliebt sein

____

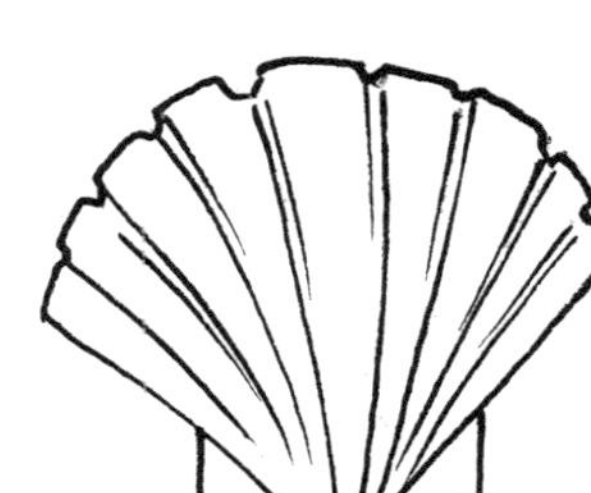

Fünf Freiheiten

Lies den Text von Virginia Satir. Halte Gedanken, Beispiele und Assoziationen fest, die dir dabei durch den Kopf gehen.

Fünf Freiheiten

Die Freiheit, das zu sehen und zu hören, was im Moment wirklich da ist, anstatt was sein sollte, gewesen ist oder sein wird.

Die Freiheit, das auszusprechen, was ich wirklich fühle und denke, und nicht das, was von mir erwartet wird.

Die Freiheit, zu meinen Gefühlen zu stehen, und nicht etwas anderes vorzutäuschen.

Die Freiheit, um das zu bitten, was ich brauche, anstatt immer erst auf Erlaubnis zu warten.

Die Freiheit, in eigener Verantwortung Risiken einzugehen, anstatt immer nur auf Nummer sicher zu gehen und nichts Neues zu wagen.

Wer oder was hindert einen laut Virginia Satir daran, die fünf Freiheiten auszuleben? Kreise Zutreffendes ein. Ergänze Punkte, die deiner Meinung nach fehlen.

Zukunftspläne

alte Gewohnheiten

Eltern

Lehrer

Versagensangst

fehlendes Selbstbewusstsein

Freunde

schlechte Erfahrungen

Bequemlichkeit

Angst vor Kritik

die Meinung der anderen

Fallen euch Situationen ein, in denen ihr euch eine der fünf Freiheiten gewünscht habt bzw. in denen ihr sie erfahren habt? Sprecht darüber.

Vorbildlich!

Wer ist für dich ein Vorbild bzw. könnte für dich ein Vorbild sein? Welche Eigenschaften hat dein Vorbild bzw. sollte dein Vorbild haben? Markiere die entsprechenden Felder und schreibe auf die Linien.

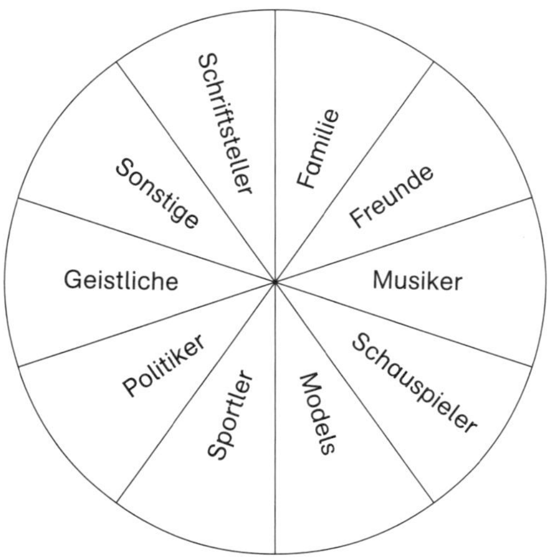

Diese Eigenschaften hat mein Vorbild/sollte mein Vorbild haben:

____

____

____

____

Tauscht euch über eure Ergebnisse aus.

„Vorbilder – Leitbilder oder Verführer?“
Suche aus der folgenden Tabelle einen Aspekt aus, den du in die Diskussion einbringen willst.
Baue diesen Punkt zu einem schlagkräftigen, anschaulichen Argument aus.

Eine Behauptung (These) muss durch eine Begründung (Argument) gestützt werden. Beispiele und Belege (eigene Erfahrungen, Berufung auf anerkannte Autoritäten, anerkannte Normen, Statistiken) veranschaulichen und sichern das Argument.

Aspekte, die für Vorbilder sprechen	Aspekte, die gegen Vorbilder sprechen
1. Kinder brauchen Vorbilder zur Orientierung im Leben, … a) um einen Weg ins Leben zu finden, b) um soziale Kompetenzen zu entwickeln.	1. Durch falsche Vorbilder kann der Einzelne negativ beeinflusst werden … a) bezüglich der Lebensgewohnheiten, des Konsumverhaltens, b) hinsichtlich der politischen Gesinnung und des sozialen Umfelds.
2. Jugendliche brauchen Vorbilder, um ihre Position zu definieren … a) hinsichtlich der beruflichen Laufbahn, b) im Bereich der Persönlichkeitsentwicklung.	2. Bei extremer Orientierung an Vorbildern kann die individuelle Entwicklung gebremst werden durch … a) unkritische Übernahme von Berufs- und Lebenszielen, b) Verleugnung bzw. Verdrängung von persönlichen Eigenschaften.
3. Erwachsene brauchen Vorbilder zur individuellen Veränderung und Weichenstellung … a) bei der Gestaltung des Lebensumfeldes, b) bei der Entwicklung beruflicher Perspektiven, c) hinsichtlich des partnerschaftlichen Verhaltens/des sozialen Kontextes.	3. Durch Orientierung an Vorbildern werden oft utopische Ziele verfolgt, die zu … a) Selbstschädigung durch übertriebenes soziales Engagement führen, b) Selbstschädigung durch körperliche Höchstleistungen führen.

9. bis 11. Kapitel: Bewährungsproben

Inhalt

(9. Kapitel) Nach dem Streit mit Lola ist Glatze verzweifelt, weil er glaubt, dass ihre Beziehung gescheitert ist. Als kurze Zeit später Ratte auftaucht, ist Glatze zunächst froh über diese Ablenkung. Sie gehen zum Kellerraum der Kirchengemeinde, den die Clique als Probenraum für ihre Band nutzen darf. Dort wartet bereits Fischer auf sie. Glatze soll sich einem schmerzhaften Test unterziehen, um zu beweisen, dass er nicht schwul ist. Doch Glatze hält den Provokationen stand und verlässt kommentarlos den Raum.

(Lolas Zettel Nr. 30 – 32) Lola vermutet, dass sich Glatze aus Unsicherheit so verletzend ihr gegenüber verhalten hat. Sie ist aber weiterhin wütend auf ihn und erwartet, dass er sich bei ihr entschuldigt.

(10. Kapitel) Glatze ist mit seiner kranken Mutter allein zu Hause, weiß aber nicht, wie er sich ihr gegenüber verhalten soll. Beide leben aneinander vorbei und können nicht miteinander über ihre Probleme sprechen. Auch der Kontakt zu Fischer und Ratte ist nach der Szene im Probenraum abgebrochen. Glatze findet den Mut, bei Lola anzurufen. Es ist aber besetzt, weil sie den gleichen Gedanken hatte, sodass sie es schließlich ist, die bei ihm anruft. Sie versöhnen sich wieder. Und zum ersten Mal traut sich Glatze, Lola auf seine Krankheit anzusprechen. Sie gibt zu, dass sie zunächst nicht wusste, wie sie damit umgehen soll, dass diese Vorbehalte aber verschwunden sind, seit sie das erste Mal mit Glatze ausgegangen ist.

(Lolas Zettel Nr. 33 – 42) Nach der Versöhnung fühlt Lola eine größere Nähe zu Glatze. Gleichzeitig hat sie Angst, dass er sie zu sehr vereinnahmen könnte. Ein weiteres zentrales Thema ihrer Zettel ist die Frage nach dem Sinn des Lebens: Auch Lola hat noch keine klaren Vorstellungen von der Zukunft, aber im Gegensatz zu Glatze steckt sie voller Energie. Sie ist sich sicher, dass sie etwas Sinnvolles tun möchte.

(11. Kapitel) Glatze ist tief betroffen, weil Fischer beim Überqueren der Autobahn von einem Fahrzeug erfasst wurde und die halbe Nacht bewusstlos auf dem Mittelstreifen gelegen hat. Er hat zwar überlebt, aber es ist noch nicht sicher, ob er sein Bein behalten wird. Lola versucht ihren Freund zu trösten. Durch den Unfall aufgerüttelt, machen sich beide Gedanken über den Tod.

(Lolas Zettel Nr. 43) Lolas Gedanken über den Tod zeigen gleichzeitig ihre Lebenslust. Denn ihr wird klar, dass sie noch viel mit ihrem Leben anfangen möchte.

Unterrichtsschwerpunkte

- Gruppendruck
- Mutproben

Zu den Kopiervorlagen

KV Seite 42

Verhalten in der Gruppe

Der Selbstreflexionsbogen stellt einen individuellen Zugang zum Thema „Gruppendruck“ dar, das auf den Kopiervorlagen Seite 43/44 vertieft wird. Die Schüler sollen sich bewusst werden, dass eine Gruppe Druck auf einzelne Mitglieder ausüben kann, um sie zu einem bestimmten Verhalten zu zwingen. Dieses kann dazu führen, dass sie bei Aktionen mitmachen, die sie selbst für falsch oder gefährlich halten. Gruppendruck spielt also eine Schlüsselrolle bei abweichendem Verhalten Jugendlicher. Diesem Druck standzuhalten und sich nicht zu illegalen oder gefährlichen Handlungen zwingen zu lassen, fordert von dem einzelnen Jugendlichen ein hohes Maß an Selbstbewusstsein und Souveränität.

Im Anschluss an das Ausfüllen des Selbstreflexionsbogens können die Ergebnisse im Gesprächskreis diskutiert werden. Ergebnisse, Lösungen oder Beispiele sollten schriftlich fixiert werden. Dabei ist darauf zu achten, dass Beispiele oder Hinweise auf einzelne Schüler oder bekannte Vorfälle in anonymisierter oder verallgemeinerter Form eingebracht werden, um spätere Anschuldigungen und Konflikte zu vermeiden.

KV Seite 43/44

Gruppendruck

Anhand dieser Kopiervorlagen setzen sich die Schüler mit verschiedenen Mechanismen der Druckerzeugung innerhalb einer Gruppe auseinander und erproben, mit welchen Mitteln man sich diesen entziehen kann. Ausgangspunkt ist eine Definition des Begriffs „Peergroup“, die die besondere Bedeutung der Gruppe für Jugendliche hervorhebt und sowohl positive als auch negative Aspekte der Gruppenkonformität aufzeigt. Diese sollten im Unterrichtsgespräch um Beispiele aus der Lebenswelt der Schüler ergänzt werden (siehe hierzu auch KV Seite 42). Anschließend setzen sich die Schüler anhand von Aussagen aus dem 9. Kapitel mit verschiedenen Mitteln der Druckerzeugung auseinander und bewerten deren Wirkung. Die Ergebnisse sollten in der Klasse ausgewertet werden.

Den Abschluss der Unterrichtseinheit bilden verschiedene szenische Übungen zur Erprobung von Reaktionsmöglichkeiten auf Gruppendruck. Als Ausgangspunkt dient die in der Lektüre dargestellte Situation: Durch die Darstellung alternativer (auch „schlechterer") Reaktionen entwickeln die Schüler bereits ein Bewertungsraster für die folgenden Übungen. Dabei erleichtert die fiktive Situation im Kontext der Lektüre den Einstieg in eine Auseinandersetzung mit Situationen aus dem Alltag der Schüler. Je nach „Spielerfahrung" Ihrer Klasse können Sie der Ausgestaltung und Vorführung der Rollenspiele „Lockerungsübungen" voranstellen, z. B.: Die Gruppe sitzt im Kreis. Jemand gibt eine unangenehme Situation vor („Du kommst zum wiederholten Mal zu spät in den Unterricht." – „Du stehst beim Bäcker in einer langen Schlange und jemand drängelt sich vor." – „Du hast einen teuren geliehenen Gegenstand verloren.") und wirft einem Mitspieler den Ball zu, der dann spontan reagieren muss. Die Vorbereitung der kurzen Szenen sollte in Kleingruppen, die Vorführung und das Feedback können in der Klasse erfolgen. Die nicht vorführenden Schüler nehmen dann die Rolle von Beobachtern ein. Wichtig ist es, darauf hinzuweisen, dass das Verhalten des Hauptdarstellers im Mittelpunkt steht. Die Mitspieler sollten ihr Spiel auch im zweiten Durchgang nicht verändern. Wiederholen Sie gegebenenfalls vorab die zugrunde zu legenden Feedbackregeln.

Mögliche Lösung Seite 43

- positive Einflüsse von Peergroups: Zugehörigkeitsgefühl, Lernfeld für Sozialverhalten und die Entwicklung des Ichs, partnerschaftliche Ebene und Verständnis, erste Erfahrungen mit dem anderen Geschlecht
- negative Einflüsse von Peergroups: Unterordnung der Meinung/des Verhaltens des Einzelnen unter die der Mehrheit, Anstiftung zu gefährlichen oder illegalen Aktionen

Folgende Mechanismen der Druckerzeugung lassen sich aus den vorgegebenen Aussagen ableiten: Beiseiteschieben von Gegenargumenten („Klar, wir verstehen dich, ..."), Ausgrenzung („Ob du schwul bist ..."), Lächerlichmachen („Ich bin nicht schwul ..."), Vorwegnahme eines positiven Ausgangs („Aber den Test ..."), Appell an das Gruppengefühl („Wir ..."), Drohung („Und wer nicht mitmacht, ...", „... aber die Narbe ist der Beweis!"), Herunterspielen von Gefahren („Aber es wird dir gefallen, ...").
Unterschiedliche Bewertungen sind möglich. Als besonders „schlagkräftig" werden sicherlich die Drohungen und der Appell an das Gruppengefühl empfunden.

Glatzes Reaktionen: einen Schritt zurücktreten (Distanzierung); rot werden, stottern (Unsicherheit); Zurückweisen der Vorwürfe; Versuch, sich der Situation zu entziehen; Nachfragen (Interesse); Starre; wortloses Weggehen
Mögliche andere Reaktionen: die anderen mit Argumenten überzeugen, welche Folgen ihr Verhalten haben kann; bei der Probe mitmachen; sich über die anderen lustig machen; eine Prügelei anfangen; den anderen die Freundschaft aufkündigen

KV Seite 45

Mutprobe

Ausgangspunkt für die Kopiervorlage sind Lolas Zettel Nr. 42 und das 11. Kapitel, in denen es um Fischers Unfall geht. Die Schüler korrigieren den vorgegebenen Zeitungsartikel in ihr Heft. Weiterführend kann dieser auch als Grundlage für eigene Artikel verwendet werden: Wie würde man in einer überregionalen Zeitung, in der Sensationspresse, in einer Reportage über den Unfall des Jugendlichen berichten? In der zweiten Aufgabe setzen sich die Schüler mit möglichen Motiven für Mutproben auseinander. Als Grundlage dient eine Umfrage der NRW-Kids aus dem Jahr 2001. Die Schüler stellen zunächst selbst Vermutungen darüber an – gegebenenfalls unter Berücksichtigung eigener Erfahrungen –, welche Motive ausschlaggebend für das riskante Verhalten vieler Jugendlicher sind (siehe hierzu auch KV „Auf der Überholspur", Seite 21). Anschließend können die Ergebnisse der Umfrage (siehe *Mögliche Lösung*) präsentiert werden. In einem zweiten Schritt erfolgt eine Auseinandersetzung mit Fischers Motiven, die sich mit den Umfrageergebnissen decken. Für Textbelege können das 1. und 3. Kapitel herangezogen werden. In dem abschließenden Tagebucheintrag sollen die Schüler darüber spekulieren, inwieweit sich Fischers Einstellung durch den Unfall verändert hat. Auch die Frage, wie er mit den Folgen des Unfalls umgeht, kann in diesem Zusammenhang thematisiert werden. Zu den Reaktionen von Fischers Umfeld siehe auch Kreativ aktiv, Seite 41.

Mögliche Lösung

In der Nacht von Donnerstag auf Freitag ereignete sich auf der A ??? ein folgenschwerer Unfall. Gegen 23 Uhr wurde ein 16-jähriger Jugendlicher beim illegalen Überqueren der Autobahn von einem Pkw erfasst. Nur dem beherzten Eingreifen eines Lkw-Fahrers aus Italien ist es zu verdanken, dass der Junge gerettet werden konnte. Er bemerkte die reglose Gestalt auf dem Mittelstreifen der Autobahn, sicherte sein Fahrzeug an der Unglücksstelle und informierte die Polizei. ~~Bereits gegen Mitternacht~~ **Erst in den frühen Morgenstunden** konnte der Verletzte dann mithilfe ~~der Feuerwehr und des THW~~ **eines Rettungshubschraubers** geborgen werden. Der Jugendliche wurde sofort ins Städtische Krankenhaus gebracht. ~~Wie durch ein Wunder hat er keine Verletzungen davongetragen und kann das Krankenhaus schon in den nächsten Tagen wieder verlassen.~~ **Er hat schwere Verletzungen am Bein davongetragen.** Nach Befragung einiger Mitschüler des

Verunglückten muss die Polizei davon ausgehen, dass der Junge die Autobahn überquert hat, weil er ~~mit dieser Tat seinen Mut beweisen sollte~~ **sich mit dieser Tat selbst beweisen/den „Kick“ holen wollte.** Diese Art „Mutprobe“ gehört nach Angaben der Jugendlichen ~~zum Aufnahmeritual~~ **zur Freizeitgestaltung** seiner Clique.
„Das ist doch ~~cool~~ **fürchterlich/ungerecht,** ~~der ist jetzt so bekannt wie John Knoxville von Jackass~~ **er wird jetzt nie wieder richtig laufen können**“, äußerte ein Freund des Verunglückten gegenüber der Presse. Spezialisten gehen davon aus, dass im Zusammenhang mit diesem Vorfall weitere spektakuläre, lebensgefährliche Handlungen Jugendlicher möglich sind. Der Fahrer des Unfallfahrzeugs beging Fahrerflucht und konnte bisher noch nicht ausfindig gemacht werden.

Ranking nach der Umfrage der NRW-Kids 2001:
① um Spaß zu haben (56,1 %)
② um etwas (Neues) auszuprobieren (47,9 %)
③ weil es dazugehört, wenn man jung ist (36,6 %)
④ um sich etwas zu beweisen (36,4 %)
⑤ um einen „Kick“ zu erleben (34,0 %)
⑥ um sich selbst zu gefallen (22,0 %)
⑦ aus Langeweile (18,5 %)
⑧ weil es von Freunden verlangt wurde (13,4 %)
⑨ um den Freunden zu gefallen (6,5 %)

Mögliche Motive für Fischers Überquerung der Autobahn: etwas (Neues) ausprobieren, einen „Kick“ erleben, aus Langeweile, sich etwas beweisen; relevante Textstellen: 1. Kapitel, 3. Kapitel.

Punkte, die in Fischers Tagebucheintrag zur Sprache kommen können: Angst um den Verlust seines Beins → Welche Konsequenzen hätte das?; evtl. Reflexion des eigenen Verhaltens → Warum habe ich das gemacht? Was will ich in Zukunft anders machen?; evtl. Reue → Warum habe ich Rattes und Glatzes Warnungen nicht ernst genommen?

Gesprächs- und Schreibanlässe

Liebeskummer
Bei Lola und Glatze herrscht nach ihrem ersten großen Streit Funkstille.

- Wie gehen die beiden mit dieser Situation um?
- Was unternimmst du, wenn du (Liebes-)Kummer hast?
- Welche Maßnahmen sind besonders wirksam gegen Liebeskummer? Erstelle deine persönliche Top-Ten-Liste.

Mutter und Sohn
Zu Beginn des 10. Kapitels ist Glatze mit seiner Mutter allein im Wohnzimmer. Sie reden nicht viel miteinander.

- Was geht Glatzes Mutter wohl durch den Kopf, während sie ihren Sohn beobachtet? (Seite 84)
- Stell dir vor, Glatze würde sich mit seiner Mutter bei einer Tasse Tee über das unterhalten, was ihn an ihrer Familie stört. Was könnte er sagen? Wie würde seine Mutter wohl reagieren? Schreibe diesen Dialog.

Die Versöhnung
Nach einigen Tagen rufen Lola und Glatze einander an, um den Streit aus der Welt zu räumen.

- „Ich sag es dir aber nicht“, sagt Lola. „Und außerdem habe ich es dir längst gesagt“, setzt sie hinzu, „gerade vorhin. Reicht das nicht?“ Was will Lola in diesem Moment nicht direkt aussprechen? Ergänze den Dialog.
- Stell dir vor, Glatze und Lola hätten nicht miteinander telefoniert, sondern sich geschrieben. Was könnte wohl in Lolas oder Glatzes Brief bzw. E-Mail stehen? Verfasse einen der beiden Texte.

Kreativ aktiv

Fischers Unfall
Zur weiteren Vertiefung können die Schüler eine Fernsehreportage über Fischers Unfall erstellen. Hierfür können Expertenteams gebildet werden, die sich mit unterschiedlichen Themen beschäftigen:

- Nachrichtensprecher, die über den Unfall berichten,
- Reporter, die ein Interview mit Fischers Eltern und Freunden führen,
- Jugendpsychologen, die über die Hintergründe von Mutproben Jugendlicher informieren.

Das Ergebnis kann vorgespielt und gegebenenfalls auch mit einer Kamera festgehalten werden. Alternativ bietet sich eine Talkshow über das Thema „Mutproben“ an, in der unterschiedliche Menschen (Jugendpsychologe, Fischers Mutter, Glatze, andere Jugendliche und Eltern) zu Wort kommen.

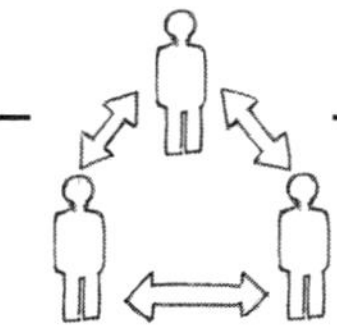

Verhalten in der Gruppe

Beantworte die folgenden Fragen.

1. Warum, glaubst du, schließen sich viele Jugendliche einer Gruppe an?

2. Was sind deine persönlichen Wünsche und Erwartungen an Freunde in einer Gruppe?

3. Eine Gruppe unternimmt manchmal etwas, das unangenehme oder gefährliche Folgen für einen oder für alle haben kann. Welche Beispiele fallen dir für dieses Verhalten ein?

4. Wie kannst du verhindern, dass die Gruppe Einzelnen innerhalb oder außerhalb der Gruppe schadet?

5. Wie kannst du dich verhalten, wenn Einzelne die Macht in der Gruppe an sich reißen und auf andere Mitglieder einen schlechten Einfluss ausüben?

6. Wann, denkst du, ist es notwendig, aus einer Gruppe auszusteigen oder sich zurückzuziehen?

Gruppendruck (1)

Arbeitet positive und negative Einflüsse von Peergroups heraus. Führt Beispiele aus eurer eigenen Erfahrungswelt an.

Peergroups
Freunde und Cliquen haben einen hohen Stellenwert, denn noch nie haben Jugendliche so viel Zeit mit Gleichaltrigen verbracht wie heute. Die Gruppe der Gleichaltrigen, die sogenannte Peergroup, vermittelt Geborgenheit, das Gefühl „dazuzugehören“. Außerdem bietet der Umgang mit anderen Jugendlichen ein wichtiges Lernfeld für das Sozialverhalten und die Entwicklung des eigenen Ichs. Aufgrund eines ähnlichen Lebensstils fühlen sich Jugendliche von Freunden besser verstanden als z. B. von ihren Eltern. Konflikte werden untereinander auf einer partnerschaftlichen Ebene abgehandelt.
Hinzu kommt, dass Jugendliche in der Peergroup mit verschiedenen Rollen experimentieren können. Dort sammeln sie auch erste Erfahrungen im Umgang mit dem anderen Geschlecht, die ihnen in späteren Partnerschaften zugutekommen. Um die Gruppe nach außen zu schützen und den Zusammenhalt innerhalb der Gruppe zu stärken, ist ein gewisses Maß an Übereinstimmung (z. B. gemeinsame Ziele, Werte oder Interessen) notwendig. Problematisch wird es, wenn der Einzelne von der Gruppe unter Druck gesetzt wird, sich dem Verhalten der Mehrheit anzupassen, obwohl er dieses für gefährlich oder falsch hält.

Als Glatze die Aktionen seiner Clique infrage stellt, wenden sich Fischer und Ratte gegen ihn. Lies in der Lektüre auf den Seiten 78–81 nach. Bewerte den Druck, der auf ihn ausgeübt wird, auf einer Skala von 1 (= wenig Druck) bis 10 (= sehr starker Druck).

Aussagen	Druck
„Klar, wir verstehen dich, Alter, nur haben wir heute keine Zeit, deinem Gelaber zuzuhören. Wir haben was Wichtigeres zu tun.“	
„Ob du schwul bist oder nicht. Ich bin's jedenfalls nicht und Fischer auch nicht.“	
„Ich bin nicht schwul. Nein, ich doch nicht!“	
„Aber den Test wirst du trotzdem geil finden!“	
„Wir wollen nur ein bisschen Spaß. Und deshalb machen wir jetzt alle den Test.“	
„Und wer nicht mitmacht, der ist ...“ „Schwul.“	
„Aber es wird dir gefallen, Alter, verlass dich drauf. Ist besser als jedes Tattoo und alles.“	
„Gibt eine geile Narbe, weil natürlich Dreck unter den Fingernägeln ist, das heilt schlecht, Eiter und so, aber die Narbe ist der Beweis!“	

Wie reagiert Glatze auf die Provokationen seiner Freunde? Haltet seine Reaktionen fest. Bewertet sein Verhalten und überlegt, wie man sich in einer solchen Situation noch verhalten könnte. Spielt eine kurze Szene vor, in der eine der alternativen Verhaltensweisen deutlich wird.

Gruppendruck (2)

Rollenspiel: 1.

Erprobt in Kleingruppen mögliche positive Reaktionen auf Gruppendruck.

Vorbereitung
Wählt eine der unten genannten Situationen aus.

- Verteilt die Aufgaben für den ersten Durchgang (Hauptdarsteller, Mehrheit der Gruppe, Beobachter).
- Legt fest, wie sich die Mehrheit der Gruppe verhält, um Druck aufzubauen (Text, Verhalten, Mimik, Gestik ...). Verteilt die Rollen entsprechend.
- Legt ein Ziel fest, das der Hauptdarsteller erreichen will, z. B.: „Die anderen davon überzeugen, dass alle mit dem Taxi fahren sollten."

Erste Spielphase: Die Darsteller spielen die Szene vor. Die Beobachter machen sich entsprechend den Vorgaben Notizen.

Erstes Feedback: Die Beobachter werten die Szene aus und formulieren zwei bis drei konkrete Verbesserungsvorschläge für den Hauptdarsteller.

Zweite Spielphase: Die Szene wird ein zweites Mal gespielt. Die Darsteller der Gruppe verhalten sich genauso wie beim ersten Durchgang, der Hauptdarsteller versucht, die Verbesserungsvorschläge umzusetzen.

Zweites Feedback: Der Hauptdarsteller äußert sich zu seinen Erfahrungen im zweiten Durchgang. Anschließend erhält er ein Feedback von den Beobachtern und seinen Mitspielern. Wenn der Hauptdarsteller mit seiner Umsetzung noch nicht zufrieden war, kann die Szene ein drittes Mal wiederholt werden.

Beobachtungsaufgaben zu Mimik, Gestik, Blickkontakt, Lautstärke, Körperhaltung, Inhalt, Sprache

- Was ist dir grundsätzlich aufgefallen?
- Wie hat sich das Verhalten im Laufe der Szene verändert?
- Wie hat diese Veränderung auf dich gewirkt?
- Was könnte noch verbessert werden, um das gewünschte Ziel zu erreichen?

① Du bist der einzige Nichtraucher in deiner Clique. Auf dem Pausenhof wird dir zum wiederholten Mal eine Zigarette angeboten. Du willst nicht mitrauchen. Die anderen versuchen, dich zu deiner ersten Zigarette zu überreden.

② Deine Clique ist auf einer Party. Nach einiger Zeit macht eine Flasche Schnaps die Runde. Du möchtest nicht mittrinken. Die anderen haben dafür kein Verständnis.

③ Deine Clique hat beschlossen, den Matheunterricht zu schwänzen und in der Zeit bummeln zu gehen. Du bist schlecht in Mathe und kannst dir keine Fehlstunde leisten. Deine Clique versteht nicht, dass du nicht mitkommen willst.

④ Der „Fahrer" deiner Clique, ein älterer Jugendlicher, ist nicht mehr ganz nüchtern. Trotzdem will er euch nach dem Discobesuch nach Hause bringen. Deine Clique sieht darin kein Problem. Du hältst die Situation für gefährlich.

Mutprobe

Über Fischers Unfall wird auch in der Zeitung berichtet. Die Meldung enthält jedoch einige falsche Informationen. Unterstreiche alle Fehler mit Rot. Schreibe den Artikel richtig in dein Heft.

Jugendlicher verunglückt bei Mutprobe

lug. In der Nacht von Donnerstag auf Freitag ereignete sich auf der A ??? ein folgenschwerer Unfall. Gegen 23 Uhr wurde ein 16-jähriger Jugendlicher beim illegalen Überqueren der Autobahn von einem Pkw erfasst. Nur dem beherzten Eingreifen eines Lkw-Fahrers aus Italien ist es zu verdanken, dass der Junge gerettet werden konnte. Er bemerkte die reglose Gestalt auf dem Mittelstreifen der Autobahn, sicherte sein Fahrzeug an der Unglücksstelle und informierte die Polizei. Bereits gegen Mitternacht konnte der Verletzte dann mithilfe der Feuerwehr und des THW geborgen werden. Der Jugendliche wurde sofort ins Städtische Krankenhaus gebracht. Wie durch ein Wunder hat er keine Verletzungen davongetragen und kann das Krankenhaus schon in den nächsten Tagen wieder verlassen. Nach Befragung einiger Mitschüler des Verunglückten muss die Polizei davon ausgehen, dass der Junge die Autobahn überquert hat, weil er mit dieser Tat seinen Mut beweisen sollte. Diese Art „Mutprobe“ gehört nach Angaben der Jugendlichen zum Aufnahmeritual seiner Clique.

„Das ist doch cool, der ist jetzt so bekannt wie John Knoxville von Jackass“, äußerte ein Freund des Verunglückten gegenüber der Presse. Spezialisten gehen davon aus, dass im Zusammenhang mit diesem Vorfall weitere spektakuläre, lebensgefährliche Handlungen Jugendlicher möglich sind. Der Fahrer des Unfallfahrzeugs beging Fahrerflucht und konnte bisher noch nicht ausfindig gemacht werden.

Aus welchen Gründen machen Jugendliche am ehesten eine Mutprobe? Bringe die Punkte in eine sinnvolle Reihenfolge, indem du sie von 1 (= am unwahrscheinlichsten) bis 9 (= am wahrscheinlichsten) durchnummerierst.

- ◯ um den Freunden zu gefallen
- ◯ weil es von Freunden verlangt wurde
- ◯ um einen „Kick“ zu erleben
- ◯ um sich selbst zu gefallen
- ◯ aus Langeweile
- ◯ um sich etwas zu beweisen
- ◯ um Spaß zu haben
- ◯ um etwas (Neues) auszuprobieren
- ◯ weil es dazugehört, wenn man jung ist

Welche dieser Motive treffen eurer Meinung nach auch auf Fischer zu? Führt passende Textbelege an.

Fischer liegt nach seinem Unfall im Krankenhaus. Schreibe aus seiner Sicht einen Tagebucheintrag über die Vorkommnisse und seine aktuelle Situation. Berücksichtige dabei Lolas Zettel Nr. 42 und das 11. Kapitel.

12. bis 16. Kapitel: Nähe und Freiräume

Inhalt

(12. und 13. Kapitel) Glatze ist das erste Mal bei Lola zu Hause. Da ihre Eltern bis zum nächsten Tag auf einer Party sind, haben sie „sturmfreie Bude". Anders als beim letzten Mal, als die beiden allein waren, ist die Stimmung entspannt. Sie gehen in Lolas Zimmer, wo Glatze Lolas Zettelwand bewundert, sich aber nicht traut, die Zettel zu lesen. Zwei Stunden später liegen sie nackt in Lolas Bett, küssen und streicheln sich und schlafen schließlich miteinander – für beide eine positive Erfahrung. Hinterher gehen beide sehr natürlich miteinander um: Lola bietet „ihrem Mann" an, etwas für ihn zu „kochen". Auch Glatze gibt den romantischen Liebhaber. Er behauptet, sich für Lola ein Gedicht ausgedacht zu haben. Aus der anschließenden Blödelei entsteht eine Liebeserklärung, mit der Lola sehr zufrieden ist.

(Lolas Zettel Nr. 44–56) Im Folgenden kreisen Lolas Gedanken ausschließlich um Glatze. Nach einigem Überlegen muss sie sich eingestehen, dass sie in Glatze verliebt ist. Sie sehen sich täglich und unternehmen viel gemeinsam. Lola erwähnt einen überraschenden Angelausflug, für den Glatze vorab ihr Frühstück versenkt hat, damit sie diesen „Fisch" aus dem Wasser ziehen können. Auch von nächtlichem Nacktbaden im Freibad ist die Rede. Negativ fällt Lola lediglich auf, dass sie nur noch das tut, was Glatze vorschlägt. Trotzdem bleibt Raum für eigene Pläne: Als Lola am Bahnhof ein Flugblatt gegen Neonazis in die Hand gedrückt wird, plant sie, auf die angekündigte Demonstration zu gehen.

(14. Kapitel) Glatze will mit Lola als Sängerin Musik machen. Als sie unangekündigt im Probenraum auftauchen, treffen sie auf Ratte, der dort gerade Schlagzeug übt. Dieser regt sich über Lolas Anwesenheit auf, zumal er es als Verrat an Fischer betrachtet, dass sie dessen Part übernehmen soll. Während der folgenden Auseinandersetzung stellt sich Glatze immer wieder schützend vor Lola. Gleichzeitig nimmt er ihr aber die Möglichkeit, für sich selbst zu sprechen. Lola wehrt sich gegen diese Bevormundung. Als es zum Streit kommt, verlässt sie wutentbrannt den Probenraum. Glatze folgt ihr und versucht ihr zu vermitteln, dass er nur versucht hat, alles perfekt zu machen. Lola wirft ihm vor, sie gar nicht wirklich wahrzunehmen, sondern ihr alles aus der Hand zu nehmen und sich für nichts Wichtiges zu interessieren. Es kommt zum Bruch zwischen den beiden.

(Lolas Zettel Nr. 57 – 67) Für Lola ist die Beziehung zu Glatze beendet. Sie ist wütend und enttäuscht. Als ihr Vater ihr gute Tipps geben will, kommt es zum Streit. Den Trost der Mutter – ein Frühstück im Bett – lässt sie jedoch zu. Auch das Lied „Junimond" hilft ihr über die Trennung von Glatze hinweg. Als Zeichen für ihre neu erworbene Bereitschaft, die Dinge selbst in die Hand zu nehmen, kauft sie sich neue Kleidung und schneidet sich die Haare.

(15. Kapitel) Glatze hat die Trennung von Lola kreativ aufgearbeitet: Er hat auf einer alten Schreibmaschine die Geschichte geschrieben, von der er Lola zu Beginn der Beziehung erzählt hat, und schickt sie ihr mit der Post zu. Auf dem Weg zum Briefkasten sieht er, wie sein Spruch *LOLA UND GLATZE!* von den Betonsäulen gewaschen wird. Er begreift, dass er selbst Klarheit in sein Leben bringen muss. Er hofft, dass sich auch bei Fischer und Ratte etwas verändern wird.

(Lolas Zettel Nr. 68) Lola will Glatzes Brief nicht öffnen, liest ihn dann aber doch.

(16. Kapitel) Glatze ist an seinem Geburtstag allein zu Hause, als überraschend Lola anruft. Nach anfänglicher Unsicherheit finden beide wieder zueinander. Lola lädt Glatze zu sich nach Hause ein. Dieses Angebot knüpft sie jedoch an eine Bedingung: Glatze soll wie bei ihrem letzten Kindergeburtstag einen Anzug tragen und Erdbeerkuchen mitbringen. Lola verspricht ihm ein Geschenk – ein weißes Blatt Papier mit einem Loch in der Mitte. Sie nennt es „ein Loch, um den Himmel zu sehen".

Zu den Kopiervorlagen

KV Seite 51/52

Liebe ist ein sonderbares Ding

Die Kopiervorlagen bieten eine Möglichkeit der Annäherung an das Thema. Mithilfe der Moderationsmethode „Herzblatt" (zu Vorbereitung und Vorgehensweise siehe Seite 47) bewerten die Schüler verschiedene Zitate über die Liebe und bilden sich so eine eigene Meinung. Gleichzeitig werden sie sich der verschiedenen Facetten dieses Gefühls bewusst. Eine Grundvoraussetzung dafür, dass man lieben und geliebt werden kann, ist, dass man sich selbst liebt und mit sich einverstanden ist. Liebe ist der Versuch des Menschen, nicht bei sich zu bleiben, sondern sich dem anderen zu öffnen. Gleichzeitig aber sind Vorstellungen über Liebe, Partnerschaft und Sexualität stark von gesellschaftlichen Einflüssen geprägt. In der Spannung zwischen gesellschaftlichen Normen und individueller Gefühlswelt entdecken und bilden Heranwachsende einen eigenen Zugang zum Thema. Das Sprechen über Liebe muss gelernt werden.

Herzblatt zum Thema „Liebe“

Vorbereitung

1. Kopieren Sie die Zitatkarten für jede Gruppe in einfacher Ausfertigung – gegebenenfalls vergrößert. Für eine längere Haltbarkeit empfiehlt es sich, die Karten zu laminieren.
2. Teilen Sie die Schüler in Kleingruppen von fünf bis sechs Schülern ein.
3. Die einzelnen Gruppen setzen sich um einen Tisch, in dessen Mitte jeweils verdeckt der Zitatstapel gelegt wird.

Vorgehensweise

1. Jeder Schüler zieht von dem Stapel sechs (bei Fünfergruppen) bzw. fünf (bei Sechsergruppen) Karten.
2. Aus diesen wählt er zwei Zitate aus: eins, dem er unbedingt zustimmt, eins, das er grundsätzlich ablehnt. Diese „Herzblattkarten“ bleiben in der Hand des Schülers, die übrigen drei Karten gibt er an den rechten Nachbarn weiter und erhält wiederum von seinem linken Nachbarn drei neue Karten.
3. Befinden sich auf diesen Karten Aussagen, denen er mehr zustimmt bzw. die er mehr ablehnt, können die Herzblattkarten ausgetauscht werden. Die übrigen Karten werden wieder weitergegeben.
4. Dieser Austausch erfolgt – je nach Gruppengröße – vier- oder fünfmal.
5. Die Schüler zeigen innerhalb ihrer Gruppe ihre Herzblattkarten und einigen sich gemeinsam auf drei Zustimmungen und drei Ablehnungen.

Präsentation

Die Gruppen kleben ihre Zitate nach Wichtigkeit sortiert auf einen Karton. Die Sammlung kann weiter ausgestaltet, koloriert und mit Bildern versehen werden. Für die Präsentation der Gruppenergebnisse bietet sich eine Stumme Galerie an, d. h. die einzelnen Ergebnisse werden lediglich betrachtet, aber nicht bewertet oder hinterfragt.

Weiterführende Ideen

- Wenn mehrere Gruppen die gleichen Zitate favorisieren oder ablehnen, kann darüber diskutiert werden, was diese Auswahl beeinflusst hat.
- Die Schüler entwickeln eigene Zitate, Sprichwörter oder Redewendungen zum Thema „Liebe“.
- Die Schüler schreiben dem Autor/der Autorin eines Zitates einen Brief, in dem sie ihre Entscheidung begründen.

KV Seite 53

Liebe, Sex und Zärtlichkeit

Als Einstieg in das Thema „Sexualität“ füllen die Schüler die gekürzte Befragungstabelle aus der Dr.-Sommer-Studie 2009 aus und vergleichen ihre Einschätzungen mit der erhobenen Statistik. Die beiden Zitate konfrontieren die Schüler mit der Kritik Erwachsener am Verhalten der „heutigen“ Jugend. Auch wenn die altertümliche Sprache darauf hindeutet, dass diese Aussagen schon etwas älter sind, werden sie überrascht sein, dass sich bestimmte Vorwürfe anscheinend schon seit Jahrtausenden wiederholen. Die kurze Zusammenfassung eines Zeitungstextes regt die Schüler zur Auseinandersetzung mit dem Sexualverhalten der eigenen Generation an. Auf der Grundlage der im Text genannten Argumente und der zuvor besprochenen Statistik können die Schüler ihre eigene Meinung in einem Leserbrief äußern.

Mögliche Lösung

Die Dr.-Sommer-Studie 2009 ist zu folgenden Ergebnissen gekommen:

So viel Prozent der 15-Jährigen …	Mädchen	Jungen
… sind mit ihrem Aussehen zufrieden.	56	65
… hatten schon ihre erste Periode/ ihren ersten Samenerguss.	98	91
… haben Erfahrung mit Selbstbefriedigung.	40	79
… haben schon pornografische Bilder/Filme gesehen.	71	85
… waren schon einmal verliebt.	88	79
… haben Erfahrung mit Petting.	46	45
… hatten schon einmal Geschlechtsverkehr.	23	29

① Isokrates (Redner und politischer Publizist im antiken Athen), 436 – 338 v. Chr.

② 4000 Jahre alte Tafel, gefunden bei Ausgrabungen der Stadt Ur in Südbabylon

Jugendliche haben immer früher und immer öfter Sex.	Es kommt nur bei wenigen Jugendlichen zu riskantem Sexualverhalten.
• Durch neue Medien können entsprechende Daten leichter verbreitet und eingesehen werden. • Das Vorbild bestimmter Musiker, z. B. der „Porno-Rapper", führt dazu, dass Sex zu einem Wettbewerb wird.	• Durch das Überangebot an Medien sinkt die Schamgrenze, steigt aber auch das Bedürfnis nach echter Intimität. • Die aktuelle Studie belegt, dass sich Jugendliche verstärkt nach Romantik, Nähe und Zärtlichkeit sehnen.

KV Seite 54

Eine Geschichte über Liebe

Die Kopiervorlage bietet verschiedene Möglichkeiten der Darstellung der Liebesgeschichte von Lola und Glatze. Zunächst sollen zwölf Symbole, die für verschiedene Stationen der Beziehung stehen, in die richtige Reihenfolge gebracht werden. Anschließend fassen die Schüler in einem Satz zusammen, für welche Entwicklung das jeweilige Bild steht.

In einem nächsten Schritt werden die Ergebnisse gestalterisch umgesetzt. Stellen Sie den Schülern für die Darstellung der Höhen und Tiefen der Liebesbeziehung jeweils ein weißes DIN-A3-Blatt, Wasserfarben und verschiedene Pinsel zur Verfügung. Vorab sollte überlegt werden, welche Grundfarben für Glatze bzw. Lola zu wählen sind und wo auf dem Blatt die Personen als „Farbkleckse" platziert werden könnten, um die weitere Entwicklung der Beziehung darzustellen. Die gegenseitige Einflussnahme der beiden Jugendlichen, aber auch andere Ereignisse und Entwicklungen sollen dann sukzessive als neue Farbelemente hinzugefügt werden. Dabei können sich die Schüler auf eine bestimmte Szene in der Liebesgeschichte konzentrieren oder versuchen die gesamte Entwicklung durch sich verändernde Farbverläufe darzustellen.

Die einzelnen Ergebnisse werden für alle sichtbar an der Wand oder an der Tafel präsentiert. Einzelne Schüler können auf freiwilliger Basis erklären, was ihre Farbwahl zu bedeuten hat. Wichtig bei dieser Präsentation ist der Respekt vor der individuellen Darstellung. Es gibt zwar sicher Arbeiten, die gelungener sind, doch der Schwerpunkt dieser Aufgabe liegt auf der inneren Auseinandersetzung der Schüler mit den Themen der Lektüre.

Mögliche Lösung

(2) Baumarkt: Lola setzt sich mit Glatze auseinander, als er beim Überqueren der Straße sein Leben in Gefahr bringt.

(3) Spraydose: Glatze hat sich in Lola verliebt und sprüht *LOLA UND GLATZE!* an die Autobahnbrücke.

(4) Bus: Lola und Glatze unterhalten sich das erste Mal richtig, als sie sich zufällig an der Bushaltestelle treffen.

(5) Bambi: Nach dem Kino gibt Glatze Lola den ersten Kuss.

(6) Turnschuhe: Die Verbundenheit zwischen Lola und Glatze zeigt sich nach dem ersten Rendezvous, als Lola Glatzes Turnschuhe trägt.

(7) Muschel: Weil Glatze auf Lolas Zärtlichkeiten abwehrend reagiert, kommt es zum ersten Streit.

(8) Teekanne: Nachdem Lola und Glatze das erste Mal Sex hatten, kocht Lola für beide Tee.

(9) Angel: Beim gemeinsamen Angelausflug fühlen sich Lola und Glatze beide sehr wohl.

(10) Sängerin: Weil sich Lola von Glatze bevormundet fühlt, trennen sich die beiden.

(11) Briefumschlag: Glatze schickt Lola als Versöhnungsangebot die versprochene selbst erdachte Geschichte.

(12) Zettel mit Loch: Lolas Geburtstagsgeschenk zeigt, dass sie ihrer Beziehung eine neue Chance gibt.

KV Seite 55

Verknallt – verliebt – getrennt?

Mithilfe der vorliegenden Kopiervorlage betrachten die Schüler zwei Stationen der Liebesbeziehung zwischen Lola und Glatze noch einmal genauer. Einen Zugang zum Thema „Verliebtsein" bietet die Auseinandersetzung mit Ausdrücken, die verschiedene Stufen der Zuneigung bezeichnen. Die Schüler ordnen passende Begriffe zu und werden sich so der Unterschiede bewusst. Anschließend werden ab dem 13. Kapitel „Symptome" für Lolas und Glatzes Verliebtheit gesammelt. Diese Textarbeit kann auch auf die gesamte Lektüre ausgedehnt werden. In den ersten Kapiteln finden sich vor allem Belege für Glatzes Gefühle für Lola. Im Anschluss bietet sich eine Bearbeitung der Kopiervorlage „Minusregeln für die Liebe" (Seite 56) an.

Mögliche Lösung

jemanden mögen: Interesse, Sympathie; jemanden lieb haben: Wärme, Nähe, Geborgenheit; für jemanden schwärmen: Interesse, Begeisterung; in jemanden verknallt sein: Herzklopfen, Sehnsucht; jemanden lieben: Wärme, Nähe, Geborgenheit, Verbundenheit, Vertrautheit

Glatze: Er hat Füße wie Eis und schwitzt. (Seite 103); Er springt im Schwimmbad sogar vom Fünfmeterbrett. (Seite 110); Bei Lolas Anruf springt er wie elektrisiert auf. (Seite 132); Er redet so schnell, dass er fast ins Stottern kommt. (Seite 133); Er würde vor Erleichterung am liebsten laut schreien. (Seite 134)

Lola: Sie latscht durch die Gegend, als hätte sie nicht alle Tassen im Schrank. (Seite 107); Sie möchte Songs und Gedichte schreiben. (Seite 107); Sie könnte Glatze beim Angelausflug die ganze Zeit küssen. (Seite 109); Sie schreibt nur noch einen Zettel für mehrere Tage. (Seite 110)

Lola ist empört darüber, dass Glatze sie beinahe als sein Eigentum behandelt, als ein Ding oder Wesen, das keine eigene Stimme hat. Auch ist sie wütend, dass Glatze ihren Text oder die Einstellung, die sie durch ihr Lied äußert, als „egal" bezeichnet. Als Glatze versucht sich zu rechtfertigen, wird sie noch wütender und verlässt den Probenraum. Glatze verfolgt sie und hält sie auf, versperrt ihr den Weg. Seine Beschwichtigungsversuche werden von Lola abgeschmettert. Sie besteht darauf, für sich selbst zu reden, für sich einzustehen und die eigene Meinung äußern zu dürfen. Sie möchte nicht bevormundet werden.

KV Seite 56

Minusregeln für die Liebe

Mithilfe dieser Kopiervorlage vergegenwärtigen sich die Schüler das zwischenzeitliche Scheitern der Beziehung zwischen Lola und Glatze. „Schuld" haben dabei beide: Glatze, weil er bestimmend ist, und Lola, weil es ihr nicht gelingt, Kritik rechtzeitig und angemessen zu formulieren. Anschließend formulieren die Schüler „Minusregeln" für die Liebe in positive Richtlinien um, die sie auch auf ihre eigene Lebenswelt übertragen können. Es bietet sich an, diese letzte Aufgabe in Partner- oder Gruppenarbeit zu erledigen. Zusätzlich zu den überarbeiteten Sätzen können noch eigene Regeln hinzugefügt werden.

Mögliche Lösung

geeignete Belegstellen: Zettel Nr. 44, Seite 105; Zettel Nr. 52, Seite 111; Lolas Abwehr, als Glatze ihr den Gurt einstellen will, Seite 115; Lolas Erklärung, als Glatze sie auf der Wiese zur Rede stellt, Seite 118

Textstelle	Glatzes Verhalten gegenüber Lola	engt nicht ein	engt wenig ein	engt ein	engt stark ein
Zettel Nr. 49	Glatze organisiert für Lola ein Picknick.		X		
Zettel Nr. 50	Glatze und Lola gehen nachts in Freibad.	X			
Zettel Nr. 56	Glatze nimmt Lola mit in den Probenraum.	X			

Textstelle	Glatzes Verhalten gegenüber Lola	engt nicht ein	engt wenig ein	engt ein	engt stark ein
Seite 114	Glatze managt alles.				X
Seite 115	Glatze gibt Lola demonstrativ einen Kuss.			X	
Seite 115	Glatze versucht den Gitarrengurt richtig einzustellen.			X	
Seite 117	Glatze brüllt Ratte an, es würde ihn nichts angehen, was Lola macht.			X	
Seite 118	Glatze versperrt Lola den Weg.				X
Seite 119	Glatze hat die Idee, gemeinsam mit Lola einen Kiosk aufzumachen.			X	

1. Nimm den anderen ernst und lass dich auf seine Persönlichkeit ein.
2. Sag ehrlich, was du für die andere Person empfindest.
3. Organisiere dein Leben und deinen Alltag so, dass du Zeit für deinen Partner hast.
4. Stehe auch vor anderen zu deinem Partner und eurer Beziehung.
5. Achte auf Leichtigkeit, Spaß und Humor in deiner Beziehung.
6. Besprich auch Probleme oder Themen, die dich und den anderen interessieren.
7. Unternimm auch Dinge für dich allein oder mit anderen. Verliere nicht deine Individualität.
8. Bemühe dich um sinnvolle Absprachen und für beide machbare Kompromisse.
9. Achte auf Zärtlichkeit und körperliche Nähe in deiner Beziehung.
10. Versuche deinem Partner bei Problemen zu helfen. Unterstütze ihn, soweit dir das möglich ist.

Gesprächs- und Schreibanlässe

Glatzes Geschichte
Wovon könnte Glatzes Geschichte handeln? In was für einem Ton ist sie geschrieben (lustig, ernst, romantisch)? Erfinde Glatzes Geschichte und schreibe sie auf.

Das Ende vom Lied
- Als Glatze Liebeskummer hat, schreibt er für Lola die Geschichte, die er schon zu Beginn der Beziehung erwähnt hat. Was will er damit ausdrücken?
- Lola lädt Glatze zu sich ein und verspricht ihm ein Geschenk, ein Blatt auf dem steht: *Ein Loch, um den Himmel zu sehen.* Was könnte damit gemeint sein?
- Wie bewertest du das Ende des Romans? Bist du mit dem Ausgang der Geschichte zufrieden oder hättest du dir einen anderen Schluss gewünscht?

Wie es weitergeht ...
Schreibe aus der Sicht einer Figur die Fortsetzung der Geschichte zwischen Lola und Glatze.
- Wähle eine Form, die dir liegt bzw. die dir geeignet erscheint, z. B. Erzählung, Brief, Tagebucheintrag.
- Gestalte deine Erweiterung lebendig, baue Dialoge ein. Achte darauf, dass du erzählst und nicht nur über mögliche Ereignisse berichtest.
- Beschränke dich nicht auf die äußere Handlung, sondern verdeutliche auch, was in den Personen vorgeht. Schildere Gefühle, Überlegungen, Erinnerungen und Wünsche.

Mein Buchtipp
Schreibe eine Buchempfehlung über den Roman.
- Suche Informationen über den Autor, stelle ihn kurz vor.
- Was hat dir an der Geschichte besonders gefallen? (z. B. Thema, Schreibstil, Sprache, Personen, Beziehungen)
- Für welche Leser bzw. Altersgruppe ist das Buch geeignet?
- Überlege dabei, wie viel vom Inhalt du in deiner Buchempfehlung preisgeben darfst, ohne zu viel vorwegzunehmen.

Buchkritik
Schreibe eine Buchkritik über den Roman. Mit einer Kritik würdigt der Verfasser positive Aspekte eines Buches, benennt aber gegebenenfalls auch Mängel. Die Urteile zum Inhalt oder zur Darstellungsweise müssen begründet werden.
- Überlege, welche Informationen über den Roman ein Leser braucht, wenn er deine Beurteilung verstehen will oder wenn er entscheiden will, ob ihn das Buch interessieren könnte.
- Stelle dir folgende Fragen: Lässt sich erkennen, ob der Autor den Lesern eine besondere „Botschaft" vermitteln wollte? Erzielt er eine bestimmte Wirkung?
- In einer zusammenfassenden, abschließenden Beurteilung kannst du auch darauf hinweisen, für welche Leser das Buch geeignet ist.

Kreativ aktiv

Das erste Mal und danach
In Gruppenarbeit können die Schüler einen Ratgeber für einen verantwortungsvollen Umgang mit Sexualität entwerfen. Pro Familia bietet verschiedene Informationen digitaler Art wie auch Broschüren zu den Themen „Sexualität" und „Verhütung" an.

Folgende Schwerpunkte können u. a. in arbeitsteiliger Gruppenarbeit gesetzt werden:
- Sexualität als Zeichen gegenseitiger Zuneigung
- Verhütung und Schutz vor Geschlechtskrankheiten
- Wann ist der richtige Zeitpunkt für „das erste Mal"?
- Welche Ängste und Befürchtungen sind mit Sexualität verbunden?

Es bietet sich an, die Schüler ihre Ergebnisse als Mindmap präsentieren zu lassen. Dann können ihre erarbeiteten Inhalte als Schaubilder im Klassenzimmer so kombiniert werden, dass Themenbereiche, die eng miteinander verknüpft sind, auch räumlich nah beieinander ausgestellt werden könnten.

Liebe ist ein sonderbares Ding (1)

Die Liebe ist der einzige Weg, auf dem selbst die Dummen zu einer gewissen Größe gelangen.

Honoré de Balzac

Es gibt nichts Schöneres, als geliebt zu werden, geliebt um seiner selbst willen oder vielmehr trotz seiner selbst.

Victor Hugo

Die Liebe, die du gibst, entspricht der Liebe, die du empfängst, zuzüglich Porto und Bearbeitungsgebühr.

Matt Groening

An einer unglücklichen Liebe scheitert man zuweilen weniger als an einer glücklichen.

Friedl Beutelrock

Liebe ist der Wunsch, etwas zu geben, nicht zu erhalten.

Bertolt Brecht

Kinder, die man nicht liebt, werden Erwachsene, die nicht lieben.

Pearl S. Buck

Die Liebe besteht zu drei Vierteln aus Neugier.

Giacomo Casanova

Die Liebe ist so unproblematisch wie ein Fahrzeug. Problematisch sind nur die Lenker, die Fahrgäste und die Straße.

Franz Kafka

Liebe ist die gemeinsame Freude an der wechselseitigen Unvollkommenheit.

Carl Ludwig Börne

Das Verlangen nach Gegenliebe ist nicht das Verlangen der Liebe, sondern der Eitelkeit.

Friedrich Nietzsche

Betrüger legen andere rein. Verliebte sich selbst.

Oliver Hassencamp

Sex ist die Liebesform einer Zeit, die für die Liebe keine Zeit mehr hat.

Sigmund Graff

Einen Menschen lieben heißt einzuwilligen, mit ihm alt zu werden.

Albert Camus

Verwechsle nicht die Freude am Gefallen mit dem Glück der Liebe.

Coco Chanel

Hunger und Liebe sind die Triebkräfte aller menschlichen Handlungen.

Anatole France

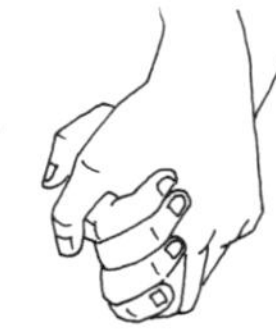

Liebe ist ein sonderbares Ding (2)

✂

Liebe: die Kraft, nicht nur
die eigene, sondern auch
die Unvollkommenheit eines
anderen lebenslang
zu ertragen.

Ron Kritzfeld

Liebe auf den ersten Blick
ist die Entschuldigung
der Männer, dass sie
es eilig haben.

Elke Sommer

Auch die zärtlichste Liebe
bedarf der Erneuerung
durch gelegentliche
Trennungen.

Samuel Johnson

Die Liebe ist das Licht
des Lebens, in der Ehe
kommt die Stromrechnung.

Unbekannt

Liebe ist ein Zeitwort,
ein Verhältniswort,
ein Zahlwort oder
ein Umstandswort –
je nachdem.

Orson Welles

In der Freundschaft vertraut
man seine Geheimnisse an,
in der Liebe entschlüpfen
sie einem.

Jean de la Bruyère

Frauen möchten in der
Liebe Romane erleben,
Männer Kurzgeschichten.

Daphne du Maurier

Die Liebe ist ein Stoff,
den die Natur gewebt und
die Fantasie bestickt hat.

Voltaire

Die Liebe ist ein Kind
der Ewigkeit. Sie verwischt
die Erinnerungen an
den Anfang und nimmt
die Angst vor dem Ende.

Madame de Staël

Nur im Urlaub gibt es
die ewige Liebe
für vierzehn Tage.

Uschi Glas

Ein Flirt ist wie eine Tablette:
Niemand kann
die Nebenwirkungen genau
vorhersagen.

Catherine Deneuve

Mut und Liebe
haben eines gemeinsam:
Beide werden
von der Hoffnung genährt.

Napoleon I. Bonaparte

Liebe ist,
wenn man Tag und Nacht
singen möchte,
ohne Honorar und Manager.

Frank Sinatra

Liebe macht blind,
darum tasten sich
Verliebte ab.

Zarko Petan

Heutzutage verschenkt man
sein Herz nicht mehr,
man vermietet es höchstens
für eine Zeit lang.

Ernst Ferstl

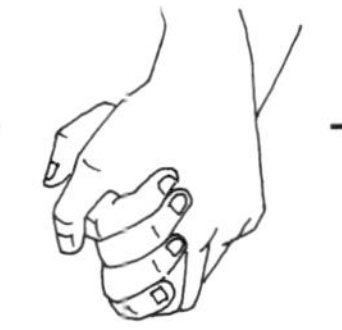

Liebe, Sex und Zärtlichkeit

Beantworte die folgenden Fragen. Trage deine Schätzwerte getrennt nach Jungen und Mädchen in die Tabelle ein.

Wie viel Prozent der 15-Jährigen ...	Mädchen	Jungen
... sind mit ihrem Aussehen zufrieden?		
... hatten schon ihre erste Periode/ihren ersten Samenerguss?		
... haben Erfahrung mit Selbstbefriedigung?		
... haben schon pornografische Bilder/Filme gesehen?		
... waren schon einmal verliebt?		
... haben Erfahrung mit Petting?		
... hatten schon einmal Geschlechtsverkehr?		

Wer hat das wohl wann gesagt? Wie steht ihr zu diesen Äußerungen? Sprecht darüber in der Klasse.

① „Die Jugend verflacht; anstatt in wetteiferndem Streben etwas leisten zu wollen, gibt sie sich oberflächlichen Vergnügungen hin, wobei der Sexualtrieb eine bestimmende Rolle spielt; sie kennt keine Zurückhaltung mehr in der Öffentlichkeit, sei es auf der Straße, sei es in Gaststätten niedrigster Art, sie erkennt keine Autorität der Erwachsenen an; sie will sich durch Geistreicheleien interessant machen."

② „Unsere Generation ist verloren, wenn das unerhörte Tun unserer jüngeren Generation so weitergeht."

Arbeite aus dem folgenden Zeitungsartikel die beiden Thesen über das Sexualverhalten heutiger Teenager heraus. Ordne in einer Tabelle die Argumente zu, die jeweils zur Begründung angeführt werden.

Teenager haben immer früher und öfter Sex. Sogar in der Schule, während der Pausen werden Hardcorefilme getauscht: Durch Internet und die Mobilkommunikation ist für Jugendliche der Zugang und die Verbreitung einschlägigen Materials so leicht wie nie zuvor geworden. In der Musik gelten die sogenannten Porno-Rapper, die mit der Zahl ihrer Sexpartner prahlen, als neue Idole, denen Jungen wie Mädchen huldigen. Sexualität wird zu einem Wettbewerb. Die Regel lautet: Je mehr Sexualkontakte ein junger Mensch aufweisen kann, desto höher ist sein Ansehen in der Gruppe. Verschiedene Medien bauschen das Thema auf, sprechen sogar von sexueller Verrohung der Jugend und bezeichnen die Jugendlichen als die „Generation Porno". Dieser Vorverurteilung der Jugendlichen widersprechen Soziologen, Sexualforscher und Erziehungswissenschaftler. Nach ihren Untersuchungen und Befragungen kommt es nur bei sehr wenigen Jugendlichen zu einem riskanten Sexualverhalten. Die Schamgrenze ist zwar gesunken, aber das Überangebot von Sexualität in den Medien habe auch zur Folge, dass die echte Intimität bei jungen Menschen immer wichtiger wird. Diese Beobachtung wird auch durch die aktuelle Dr.-Sommer-Studie der Zeitschrift „Bravo" bestätigt: Danach sehnen sich Jugendliche verstärkt nach Romantik, Nähe und Zärtlichkeit.

Verfasse einen Leserbrief, in dem du deine Meinung zu dem Zeitungsartikel äußerst.

Eine Geschichte über Liebe

Wie verläuft die Geschichte zwischen Lola und Glatze? Bringe die Bilder in die richtige Reihenfolge, indem du sie von 1 bis 12 durchnummerierst. Fasse die jeweilige Episode auf den Schreiblinien in einem Satz zusammen.

1

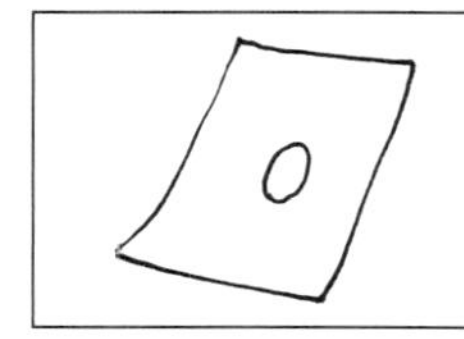

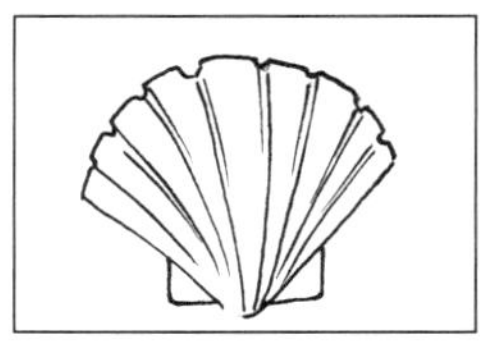

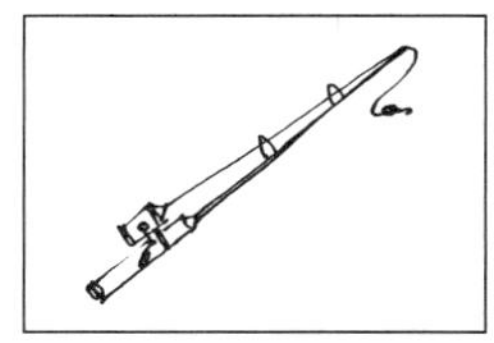

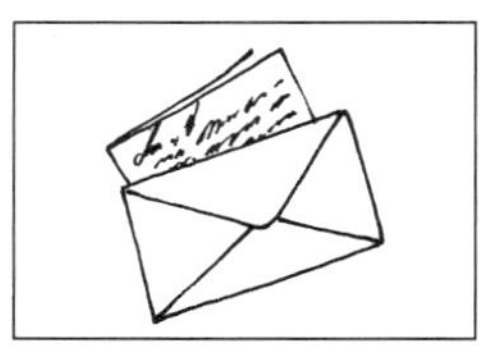

1 Glatze und Lola sehen sich als Kinder bei Lolas Geburtstag.

2 ______________________________

3 ______________________________

4 ______________________________

5 ______________________________

6 ______________________________

7 ______________________________

8 ______________________________

9 ______________________________

10 ______________________________

11 ______________________________

12 ______________________________

Stelle die Höhen und Tiefen der Liebesgeschichte mithilfe verschiedener Farben dar. Finde einen passenden Titel für dein abstraktes Bild.

Wie könnte die Geschichte von Glatze und Lola weitergehen? Finde ein entsprechendes Motiv oder Bild. Schreibe dazu auf etwa einer Seite deine Fortsetzung.

Verknallt – verliebt – getrennt?

Was bedeutet es eigentlich, jemanden zu mögen oder in jemanden verknallt zu sein? Ordne passende Begriffe zu und schreibe sie auf die Linien.
Tipp: Manche Begriffe können mehrfach zugeordnet werden.

Wärme Interesse Geborgenheit Verbundenheit Nähe

Begeisterung Vertrautheit Sehnsucht Herzklopfen Sympathie

(1) jemanden mögen ______________________

(2) jemanden lieb haben ______________________

(3) für jemanden schwärmen ______________________

(4) in jemanden verknallt sein ______________________

(5) jemanden lieben ______________________

Wenn man verliebt ist, spürt man sich und seinen Körper viel deutlicher, nimmt seine Umgebung intensiver wahr, hat veränderte Gedanken und Interessen. Finde ab dem 13. Kapitel Textstellen, die dies auch bei Lola und Glatze belegen. Schreibe auf die Linien.

Glatze wird fast schwindlig, als Lola ihn streichelt. (Seite 102)

____

____

____

____

____

____

Lola macht sich Gedanken, ob sie in Glatze verliebt ist. (Seite 105)

____

____

____

____

____

____

Was ist der Auslöser für den Bruch zwischen Lola und Glatze? Lies im 14. Kapitel nach und fasse mit eigenen Worten zusammen, was Lola gesagt hat und welche Gründe Glatze für sein Verhalten äußert.

Minusregeln für die Liebe

Irgendwann fühlt sich Lola von Glatze eingeengt und bedrängt. Notiere vier Textstellen, in denen ihre Bedenken deutlich werden.

Bewerte, inwieweit Glatzes folgende Handlungen Lola einengen. Kreuze an.

Textstelle	Glatzes Verhalten gegenüber Lola	engt nicht ein	engt wenig ein	engt ein	engt stark ein
Zettel Nr. 49	Glatze organisiert für Lola ein Picknick.				
Zettel Nr. 50	Glatze und Lola gehen nachts ins Freibad.				
Zettel Nr. 56	Glatze nimmt Lola mit in den Probenraum.				
Seite 114	Glatze managt alles.				
Seite 115	Glatze gibt Lola demonstrativ einen Kuss.				
Seite 115	Glatze versucht den Gitarrengurt richtig einzustellen.				
Seite 117	Glatze brüllt Ratte an, es würde ihn nichts angehen, was Lola macht.				
Seite 118	Glatze versperrt Lola den Weg.				
Seite 119	Glatze hat die Idee, gemeinsam mit Lola einen Kiosk aufzumachen.				

Formuliert die folgenden zehn Minusregeln in positive Richtlinien für die Liebe um. Gestaltet eure neuen Regeln als Plakat. Präsentiert eure Ergebnisse im Klassenverband.

1. Nimm den anderen nicht ernst und lass dich nicht auf ihn ein.
2. Gib auf keinen Fall preis, was du für den anderen empfindest.
3. Beharre auf alle Fälle darauf, dein Leben so weiterzuleben wie bisher.
4. Wenn ihr in der Gruppe unterwegs seid, geht so miteinander um, dass man nicht merkt, dass ihr zusammen seid.
5. Sorge dafür, dass du immer ernsthaft und absolut kontrolliert bist.
6. Sprich nur über die nötigsten Dinge mit der anderen Person.
7. Sorge dafür, dass der andere bei Unternehmungen immer mit dabei ist.
8. Vermeide Absprachen und lass dich auf keinen Fall auf Kompromisse ein.
9. Berühre die andere Person nur, wenn es sich nicht vermeiden lässt.
10. Sollte der andere Probleme haben oder Probleme machen, beende den Kontakt sofort.